ポルトガルの
ごはんとおつまみ

Culinária e petiscos de portugal

馬《バ》田《ダ》草《サ》織《オリ》

大和書房

はじめに

フランスといえば、ワイン。
イタリアといえば、パスタ。
スペインといえば、
タパスにピンチョス。
では、ポルトガルって？
……ザビエル？
いえいえ。
ザビエルはスペイン人ですし、
食べられません。
じゃあポルトガルって？

ヨーロッパの最西南端、
スペインの横に
ちょこんとあるポルトガルは、
はるか450年以上も昔、
はじめて西洋の味を日本に教えてくれた、
南蛮人と呼ばれた人たちの国。
天ぷらも、南蛮漬けも、
金平糖も、カステラも、
フロム・ポルトガル。
ワインの歴史も紀元前からと長いので、
料理と一緒に楽しむ術もよくご存知。

そんな彼らのソウルフードのひとつが、いわしの塩焼き。
パン＆ワインと一緒に食べるところが
私たち日本人とはちょっと違うけれど。

似ているようで、ちょっと違う。
遠いようで、結構近い。
それが、ポルトガルの料理。

目次

本書について

本書はデジタルコンテンツプラットフォームcakes
（ケイクス http://cakes.mu）での連載「とりあえずビール！」
2012年９月～2014年７月掲載分を加筆修正・再構成したものです。
材料写真はイメージです。
実際の分量通りではありません。ご了承ください。

この本で使用している1カップは200ml 、大さじ１は15ml、小さじ１は5mlです。
米は米用カップとしています（1カップ=1合、180ml）。

*

電子レンジの加熱時間は600Wのものを目安にしています。ご自宅の機種によって加減してください。

ワインのお問い合わせ先

A

播磨屋
http://www.w-harimaya.co.jp

B

木下インターナショナル
http://www.kinoshita-intl.co.jp
http://www.pontovinho.jp/shop
（オンラインショップ「ポントヴィーニョ」）

C

ユーロヴァン（株式会社岸本）
https://www.eurovin.co.jp/

D

メルカード・ポルトガル
http://www.portugal.co.jp

E

アサヒビール株式会社
お客さま相談室 *0120-011-121*

F

株式会社ファインズ
03-6732-8600
https://www.cavederelax.com/

Peixes e Mariscos

第1章

魚介が食べたい！

ポルトガルは縦長の長方形の国。縦横2辺が海に面しているので、魚介類を使った料理がたくさんあります。しかも、いわしやあじ、いかやたこ、貝類など、旬の海の幸に塩をふって炭火で焼いたり、ゆでたり、白身魚に衣をつけて天ぷらにしたりと、日本の魚介の食べ方とよく似ていて親しみやすい。素材の味だけでおいしいことを実感できる料理が多い。そしてどの料理にも、ポルトガルのワインが欠かせません。

ポルトガル式魚介鍋

Caldeirada

カルデイラーダ

いっぱいは、おいしい

カレー、豚汁、おしるこなど、たくさん作った方がよりおいしくなるものってありますよね。ポルトガルのブイヤベースともいえる「カルディラーダ」もそう。じゃがいも、玉ねぎ、ピーマン、トマトのスライスを何層も重ね、筒切りにした白身魚やあんこう、えい、うなぎのぶつ切りに貝類をのせ、あとはグツグツ煮るだけ。いろんなうま味が合わさって勝手においしくなってくれるという、材料まかせの鍋です。水を加えない、というのもポイント。大量の野菜から出る水分とワインで煮るから、うま味がギュッと詰まった味になります。

魚介がおいしい、アヴェイロの町

料理名のCaldeirada（カルディラーダ）という単語を調べると“いろいろな魚の煮込み料理”という訳のほかに“釜一杯分の液体”という訳もあって、つまりいっぱい作ってこその鍋。いっぱいが、おいしい理由でもある。

でも、野菜も魚もそれなりに値の張る日本では、同じように大量の野菜と魚介類を使ったらかなり高くつくし、量も多すぎます。だから、野菜をそこそこ準備したら、うま味や水分補充にトマト缶を用意。野菜とトマトベースのスープに、好みの魚介類を入れて煮れば、滋味あふれる鍋のできあがりです。魚介は、切り身が盛り合わせになった寄せ鍋セットなんかがいいけれど、ないならないで、さけやたらなどの切り身にあさりやはまぐりなどの貝類を好みで混ぜます。もちろん、手に入ればあんこうもおすすめ。種類が多い方が味わいに深みが出るから、魚は２種類、貝も最低１種類は欲しい。

ちなみにポルトガルの魚屋でもカルディラーダ用の切り身ミックスが売られていますが、あちらはなんとキロ単位。家庭でもちゃんと大量に作っている！　ポルトガルの人は、本当によく食べるのです。

ポルトガル式魚介鍋　*Caldeirada*

材料　2〜3人分・直径21㎝の鍋を使用

- 寄せ鍋セット（さけ、たらなどの切り身やえび、ほたて、あさりなど）　1パック
- 玉ねぎ　1個
- じゃがいも　2個
- にんにく　2片
- セロリの葉　1本分（4〜5枚）
- トマト水煮缶（400g）　1缶
- 白ワイン　1/2カップ+1/4カップ
- オリーブオイル　大さじ2
- 塩　適量
- ローリエ　1枚
- 赤唐辛子　1本

1 じゃがいもは、皮をむいて5㎜厚さに切る。玉ねぎも5㎜厚さの薄切りにする。にんにくはつぶして半分に切る。赤唐辛子は種を取る。

2 鍋底にセロリの葉を敷く（鍋底の焦げつき防止になり、魚介の臭みを抑えつつスープに清涼感が加わる）。

3 じゃがいもと玉ねぎを交互に重ね、にんにくを散らす。

4 トマト水煮を加え（ホールのものは手でつぶす）、ローリエと赤唐辛子を入れる。

5 ワイン1/2カップ、オリーブオイル、塩を加えてふたをし、強火にかけてふつふつと沸きだしたら中弱火で15分煮る（途中様子を見て、焦げつきそうなら水少々を加える）。

6 魚の切り身は軽く洗ってざるに並べ、熱湯をざっとまわしかけて臭みを取る。

7 5に6やほたて、えびなどを並べてワイン1/4カップを注ぐ。殻つき貝はまだ入れない。

8 ふたをして10分ほど煮る。魚の色が変わったら貝類を加え、ふたをして中弱火にかける。貝の口が開けば完成。

できあがり！

具をつつきながらワインなどを楽しみ、さらに残ったスープで締めのアレンジをするのがこの鍋の楽しみ方。スープにごはんを入れておじやでも、パスタと絡めて魚介パスタでも、うま味がギュッと詰まっているから、ちぎったバゲットにしみ込ませて食べるだけでも大満足です。

一緒に飲むならこのワイン

アフロス ローレイロ ヴィーニョヴェルデ

ポルトガル北部ミーニョ地方で造られる、ビオディナミ製法のヴィーニョヴェルデ（緑のワイン・詳細はP58）の白。柑橘や花の香りの印象を与えつつ、ミネラル感もしっかり。ポルトガルの土着品種であるローレイロを100%使っていて味わいにふくらみもあり、魚介のうま味ともいいコンビ。しっかり冷やしてどうぞ。（取り扱いC）

たことげんこつじゃがいものオリーブオイル焼き

Polvo à Lagareiro

ポルヴォ・ア・ラガレイロ

料理上手に見えるひと皿

料理、食べるのは大好きだけど、作るのはそんなに得意じゃない。でも、料理上手っぽく振る舞ってみたいなあ。失敗なしで見栄えのいい料理とかないかなあ。そんなときにこれはぴったり。

ポルトガルの北部で定番のたこ料理です。ポルトガル人はたこが大好きで、グリルのほかにもたこごはん、たこ天ぷら、たこサラダ、干したたこを海辺で見かけたこともあります。たこのそばにデンとあるのは、ポルトガルでは定番の「げんこつじゃがいも」。ゆでたじゃがいもをげんこつでパンチして、自然にできた亀裂に味をしみ込ませ、焼いて香ばしさを引き立たせます。つけ合わせではあるけれど、存在感は主役級。これだけでもおつまみになります。どちらもたっぷりのオリーブオイルで風味よく焼いて、塩とこしょう、にんにくが味のアクセント。シンプルだけど飽きのこない味なので、ビールもワインもドンとこいです。

ルシアのお手本

たこは、オリーブオイルをたっぷり絡めてオーブン（トースターや魚焼きグリルでも）でじっくり焼き、じゃがいもはフライパンでこれまたカリッと焼くだけ。本当に焼くだけです。

北のアフィーフェという海沿いの小さな町で、女性シェフのルシアに習ったときも、「焼くだけだから、おしゃべりしながらでもできるわよ」と言うぐらい。実際、ルシアは焼いている間中、お客さんやスタッフとおしゃべりを楽しんでいました。料理名のlagareiro（ラガレイロ）は、オリーブオイルを搾る職人のこと。たこの入った器にオリーブオイルをたっぷり注いでオーブンで熱するので、実際はオイル煮のようでもあります。

何でもおいしく作るルシア

たことげんこつじゃがいものオリーブオイル焼き　*Polvo à Lagareiro*

材料　2〜3人分

・ゆでだこ	200g
・じゃがいも	4個
・にんにく	2片
・セロリの葉	1本分
・EXVオリーブオイル	大さじ8+大さじ2+大さじ1
・塩、こしょう	各適量

1 じゃがいもは洗って、皮つきのまま水からゆでる（電子レンジの場合は1個ずつラップでくるんで2～3分加熱し、1～2分蒸らす）。

2 たこはお湯で弱火で30分煮てから大きめのそぎ切りに、にんにくは1片をたこ用に薄切りに、もう1片をじゃがいも用にみじん切りにする。オーブンは200℃に予熱しておく（トースターや魚焼きグリルでも大丈夫です）。

3 深さのある耐熱性容器にセロリの葉を敷き、香味野菜（玉ねぎやにんじんなど）があれば薄切りにして一緒に敷く。たこを並べてにんにくを散らし、オリーブオイル大さじ8をかけて塩をふる。200℃のオーブンで40分ほど焼く。

4 げんこつじゃがいもを作る。ゆでたじゃがいもは水気を拭き、布をかぶせて上からげんこつでパンチして亀裂を入れる。

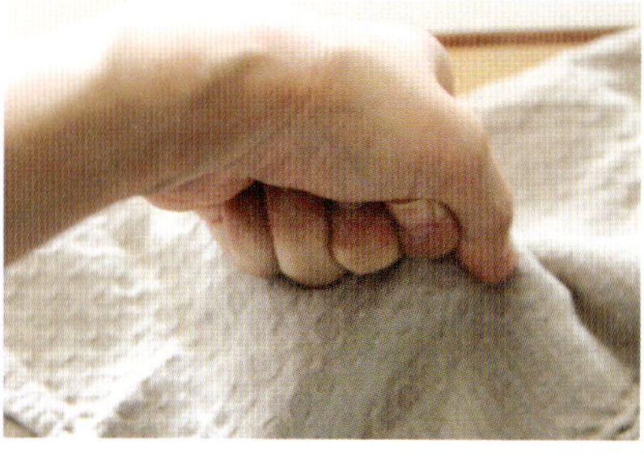

5 フライパンにオリーブオイル大さじ2を熱してパンチしたじゃがいもを並べ、中火でじっくり焼く。

6 いい色がついたらひっくり返し、さらにこんがりと焼く。

7 6を皿に取り、空いたフライパンににんにくのみじん切りを入れ、オリーブオイル大さじ1を加えて弱火で熱し、ガーリックオイルを作る。じゃがいもにかけ、塩、こしょうをたっぷりふる。

じゃがいもだけでも
つまみになります。

8 20分ほど経ったら3を一度オーブンから取り出し、器にたまったオイルと野菜のソースをたこにまわしかけ、再度オーブンに入れる。

9 たこにしっかり焦げ目がついたら7のげんこつじゃがいもを脇に並べ、ソースを全体にまわしかけて数分焼く。

完成！

香味野菜もくたっとしていい味になるので、ソースのようにたこやじゃがいもに絡めて食べましょう。たこもじゃがいももしっかり焼くのがコツ。レシピのオリーブオイルは使ってほしい最小限の量。もっとふりかけてオイル煮にすれば、たこもさらにジューシーになります。

一緒に飲むならこのワイン

モウラス alr ヴィーニョヴェルデ

デリケートで複雑味のあるヴィーニョヴェルデの白。オーガニックの畑で丁寧に手摘みしたぶどうから造られ、自然酵母発酵を経て生まれるミネラル感もあり。魚介のうま味でいっぱいの舌をさっと爽やかに洗い流してくれます。ラベルの蝶は、羽根を起こすと立体的になるしかけ。遊び心も忘れないキュートな造り手です。（取り扱いC）

さんまの南蛮漬け

Escabeche

エスカベシュ

ポルトガル生まれ、日本育ち

南蛮と名のつく料理は、室町末期から江戸初期にかけて南蛮貿易が盛んだったころ、南蛮人と呼ばれたポルトガルやスペインの人々がよく食べた、唐辛子やねぎを使った料理を指します。私たちのよく知る南蛮漬けも、ポルトガルでエスカベシュと呼ばれるマリネ料理がもと。ワインビネガー、唐辛子、にんにく、ローリエやハーブ類などを、揚げた肉や魚と一緒に漬け込んでいます。このエスカベシュが、日本でさらに長い年月をかけ、日本人が食べやすい南蛮漬けに変わったというわけです。

赤ワインビネガーに染まる
ポルトガルのエスカベシュ

ポルトガルのエスカベシュは基本的には魚介類や肉（レバーなどの内臓も）そのものを味わうものが多く、一緒に野菜を漬け込んでいるものはほとんど見ません。でも私は、揚げた魚などと一緒に漬け込んだ日本の南蛮漬けの野菜こそが実は楽しみ。揚げた油となじんでほどよく酸っぱく、でも甘さもあるからごはんとも相性がいい。ちなみにポルトガルのエスカベシュに甘い味つけはありません。砂糖などを加えるアレンジは、酸味が苦手だった日本人が食べやすくしたのか、やはりごはんに合うようにと思いついたものだったのか。いずれにしても、甘味は日本独自のアレンジ。甘酸っぱい味つけは、どうも白いごはんありきな気がします。

ポルトガルのレストランや惣菜屋で見るエスカベシュは赤っぽいことが多いのですが、これは赤ワインビネガーの色。日本に伝わった頃のエスカベシュも、やっぱり赤かったのかどうか。そんなところも、ちょっと気になります。

さんまの南蛮漬け *Escabeche*

材料 2人分

・さんま	2尾
・玉ねぎ	1/2個
・にんじん	1/2本
・セロリ	1/5本
・にんにく	1片
・赤唐辛子	1本
・レモン（輪切り）	4枚
・オリーブオイル	大さじ1
・塩、こしょう、片栗粉、揚げ油	各適量
南蛮だれ	
・白ワインビネガー（米酢でも）	大さじ3
・水	100ml
・三温糖（砂糖やはちみつでも）	大さじ1
・ローリエ	1枚

1 にんじんとセロリは細切り、玉ねぎは繊維に添って薄切りにする。にんにくは包丁でつぶす。赤唐辛子は種を取る。南蛮だれの材料は合わせておく。

2 フライパンににんにくと赤唐辛子、オリーブオイルを入れ弱火で加熱する。

3 香りが立ったら野菜を入れ中火でさっと炒め、油がまわったら南蛮だれを加え、ふたをして5分煮る。途中様子を見ながら水分を調整する（ひたひたに満たないぐらい）。できあがったら火を止めてふたをし、さんまが揚がるまで待つ。

4 さんまは頭と尾を落とし内臓を取ってよく水洗いし、3～4cm幅の筒切りにする。水気を拭いたら、塩、こしょうをふり下味をつける。

5 片栗粉をまぶしたら、フライパンに油を入れて170℃(箸の先を入れて細かい泡がシュワシュワ出るくらい)に熱し、余分な粉をはたいて揚げる。目安は4～5分。

さけもおすすめ。
同様に下処理して
一緒に揚げましょう。

6 網に上げて余分な油をきる。

7 バットに移し、**3**を再び熱してさんまにかけ、レモンの輪切りを散らす。

ともにアツアツのうち
にかけると
味が入ります。

8 粗熱を取り、保存袋などに移して冷蔵庫でひと晩寝かせる(半日以降どんどんおいしくなります。約1週間保存可能)。

いただきます！

南蛮漬け用とは別に1〜2尾多めに買って、シンプルな揚げさんまもおすすめ（プロセス6）。レモンを絞ったり、ゆずこしょう＋ポン酢＋マヨネーズの簡単ソースも合います。

一緒に飲むならこのワイン

カーザ・デ・パッソス・フェルナン・ピーレス

花のような可憐で華やかな香りが楽しい、北部ミーニョ地方産の辛口白ワイン。フェルナン・ピーレスという高貴品種を100％使用し、グレープフルーツのような柑橘系の爽やかな酸味が飲みやすく、かつコクもある。国内外で多数の受賞歴あり。16世紀頃からワインを造っているという、歴史あるワイナリーのもの。（取り扱いD）

たらとじゃがいものピポグラタン

Bacalhau à Zé do Pipo

バカリャウ・ア・ゼ・ド・ピポ

ピポさんのグラタン

つまみにばっちり。ごはんのおかずでもいける。辛くないので子供も食べやすい。たらのうま味がじんわりきいているグラタンです。干しだら（バカリャウ）を使うポルトガルの定番料理で、正式な名前は「バカリャウ・ア・ゼ・ド・ピポ」、ピポ風バカリャウ、といった感じです。有名レストランのオーナーだったピポさんが考えたのでこの名がついたそう。

これが干しだらです

ポルトガルでは干しだらを非常によく食べます。ノルウェー沖で獲れた大きなたらを開きにした三角形のまま、たっぷりの塩で漬け込んでがちがちになるまで干しています。日本の棒だらより脂分もあって何倍も厚みがあり、大きい。大量に扱う干しだら専門店やスーパーでは、吊るさずにノートみたいに重ねて売っています。魚なのにノート扱い!?　とびっくりしますが、凶器になるぐらいがちがちに硬いので重ねたってどうってことないんです。干しだらを使った料理のバリエーションは焼く、揚げる、煮る、炒めると幅広く、グラタン、サラダ、コロッケ、かき揚げと何にでもなる。365日毎日食べてもレシピがつきないと言われています。

なかでもこれは定番なので、シェフやお母さんごとにレシピがありますが、欠かせないのは干しだら（日本では甘塩のたらで大丈夫）、牛乳、じゃがいも、マヨネーズの4つ。たらのだしがきいたじゃがいもは、うま味の掛け算でぐっと味が濃くなるから、適当に作ってもなかなかの味になります。しかも、香ばしく焼けたチーズと隠し味のマヨネーズの酸味がいい仕事をするので、お酒によく合うんです。合わせたいのは、少しふくよかで酸味もある白ワイン。軽めの赤もいいですね。ビール？　もちろん合いますとも！　できたてのアツアツを、ゴクッとビールで流しこんじゃってください。

たらとじゃがいものピポグラタン *Bacalhau à Zé do Pipo*

材料　直径16㎝の浅いグラタン皿1枚分。2人ならつまみ用、1人ならおかず用

・甘塩たら	1切れ
・じゃがいも	2個
・牛乳	3/4カップ
・チーズ（溶けるタイプ）	大さじ3
・マヨネーズ、塩、こしょう	各適量

1 じゃがいもは洗って皮つきのまま水からゆでる。

2 熱いうちに皮をむき、ボウルに入れて粗めにつぶす。

3 たらはさっと洗って水気を拭き、フライパンに入れて牛乳を加え、5分ぐらい浸してからふたをして中火で加熱する（すぐ吹きこぼれるので火力に注意！）。

4 ふつふつしてきたらふたをずらし、ひっくり返して弱火で3分温める。火を止め、粗熱を取ったら皮と骨を除き身をほぐす。たらのうま味が移った牛乳もコップにとっておく。

電子レンジの場合

耐熱皿にたらをのせて牛乳を加え、ラップをふんわりかけて1分半加熱。火の通りが足りなかったら様子を見て時間をプラス。レンジはさらに牛乳が沸きやすいので注意！

5 つぶしたじゃがいもにたらを加えてざっと混ぜる。

6 たらのうま味入り牛乳も少しずつ加え混ぜ、味をみて塩、こしょうで調える。

7 全体をよく混ぜたら器に移し、平らにならしてマヨネーズをかける。

マヨネーズは混ぜずに上からかけると酸味が立ちます。

8 チーズを散らし、オーブンやトースターでおいしそうな焦げ目がつくまで焼く（220℃のオーブンで15分が目安）。

できあがり！

こしょうをバッチリきかせると、よりつまみっぽい仕上がりに。おつまみでちびちび食べる場合は、浅めの器に具を薄く敷いて焼くのがおすすめ。中まであたたまるのも早いし、チーズのカリカリと具の割合も、薄い方がよりつまみっぽく楽しめます。

一緒に飲むならこのワイン

ムラーリャス・デ・モンサオン

「ポルトガルの旅先で出会った！」と懐かしむ人の多いワイン。ポルトガルのレストランを訪ねると、必ずと言っていいほど置いてある超定番のヴィーニョヴェルデです。微発泡で酸もしっかり感じられ、レモンやライムなど柑橘のような爽やかな香りで飲みやすく、ぶどうのうま味も豊か。魚介料理の穏やかな塩味とも相性抜群。（取り扱いA）

干しだらのコロッケ

Pasteis de bacalhau

パスティシュ・デ・バカリャウ

なるべく小さく

ラグビーボールを魔法でうんと小さくしたような、コロンとかわいい楕円形のひと口サイズ。外はカリカリ、中はふんわり。たらのうま味とイタリアンパセリのすっきりした香りがあとを引く、素朴なコロッケ。ついついつまんでしまいます。ワインにもよく合う。ポルトガルの国民的食材である干しだらを数日水につけてもどし、細かくほぐして作るのですが、日本ではまず干しだらが手に入りにくい。試しに輸入物の干しだらを取り寄せて作ってみたのですが、水でもどすのに2〜3日かかる上に、もどし加減がとても難しい。塩が残ると辛いし、塩を抜きすぎるとただのパサパサの魚です。そういえば、コインブラで料理を教えてくれたマリア母さんが「干しだらをおいしくもどせるようになったら一人前」って言っていたっけ。苦労して取り寄せて（しかも結構高い！）手間をかけるのは、あまり現実的じゃありません。では、と考えてみると、干しだらを水でもどすのは生の状態に近づけたいからで、ざっくり言えば、生のたらに塩がきいていれば近いのでは。で、甘塩のたらで試してみました。いい！　いい感じです。ポルトガルの人に教えたいぐらい。

定番盛りつけ例。中はささげ豆のサラダ

ちなみにこのコロッケ、衣レスなので卵にくぐらせたりパン粉をつけるといった作業は一切なし（卵の皿とパン粉の皿がないだけで、どれだけラクか！）。ポテトサラダのように具を混ぜたら、スプーンでつみれを鍋に入れる感じでポンポン油に入れて揚げます。もちろんサイズはできるだけ小さめに！　揚げたてをその場でハフハフするのが、なんといっても一番です。

干しだらのコロッケ　*Pasteis de bacalhau*

材料　約24個分

・甘塩たら	2切れ（200g）
・じゃがいも（メークイン）	2個（200g）
・玉ねぎ	1/4個
・卵	1個

・イタリアンパセリ	4〜5枝
・ナツメグパウダー	少々
・塩、黒こしょう、揚げ油	各適量

1 甘塩たらはさっと洗って水気を拭き、耐熱皿にのせて、ラップをして10分ほど冷蔵庫に入れる。イタリアンパセリはみじん切りにする。

2 電子レンジで甘塩たらを1分加熱する。火が通ったらそのままおいて粗熱を取り、皮と骨を取り除いて細かくほぐす。

3 玉ねぎをみじん切りにしてボウルに入れる。

4 じゃがいもは皮つきのまま水からゆでる（電子レンジの場合は1個ずつラップでくるんで2〜3分加熱し1〜2分蒸らす）。ゆで上がったら熱いうちに皮をむき、玉ねぎの入った3のボウルに入れてつぶす。

5 たらを加え、細かくほぐしつつよく混ぜる。

6 滑らかになるまで混ぜ、ナツメグ、黒こしょうを加え、味をみて塩で調える。

7 溶き卵とみじん切りにしたイタリアンパセリを加えよく混ぜる。たねをスプーンですくい、もう1本のスプーンで面を整えて4cm大の小さなラグビーボールの形にまとめる（つみれを作る要領）。180℃に熱した油の中へすべらせて揚げる。

8 表面が揚がって崩れにくくなったら上下を返し、いい色になるまで揚げる（2〜3分が目安）。

完成！

クミンやガラムマサラなどのスパイスを加えると、趣が変わってピリッとパンチのきいたおつまみコロッケになります。

一緒に飲むならこのワイン

トレヴォ ヴィーニョヴェルデ DOC

トレヴォはクローバーの意。四つ葉のクローバーのイラストがキャッチーで可愛らしい、非常にすっきりした味わいの微発泡ヴィーニョヴェルデの白。柑橘系の爽やかな香りや酸味のバランスもよく、軽やかで若々しい。香ばしい揚げ物などと相性良し。スクリューキャップだから開け閉めも簡単で、アウトドアにも便利です。（取り扱いA）

いわしと玉ねぎのマリネ

Zaragatoa

ザラガトーア

缶詰パラダイス

賞味期限が長くて、冷蔵庫に入れる必要もない。そのへんにほったらかしておいても大丈夫。普段ぞんざいに扱っていても、必要なときにパカッと開けたら、ちゃんとおいしい。その正体は、そう、缶詰。開けてすぐに食べられるから、なにかと重宝します。とくにオイルサーディン！　国産から輸入品までいくつかストックしていますが、お気に入りはポルトガルのもの。ふたを開けるとまるまると太ったいわしがゴロゴロ。かなり気前のいい缶詰です。

ポルトガルは魚介類の缶詰の種類が実に豊富で、オイルサーディンだけではありません。まぐろやあじ、干しだら、かつお、さば、うなぎ（！）、珍しいものではイワシの卵などもある。味もプレーンからトマト、唐辛子入り、レモン風味etc.。しかも味だけじゃなく見た目も楽しくて、イラストが描かれたカラフルな紙にくるんであったり、紙箱に入っているものも多い。この紙の質感が、ちょっとレトロな雰囲気を醸し出しています。ポルトガルのスーパーマーケットの缶詰コーナーに行くと、とぼけた味わいの缶詰がずらーっと並んでいて、見ているだけで飽きません。

オイルサーディンを使った「ザラガトーア」はバイショ・モンデゴ地方の料理。現地では塩焼きにしたいわしをほぐして使いますが、オイルサーディンがあれば近い味が簡単にできます。火も使わず、切って混ぜるだけ。しかも魚と野菜だけで作るから、体にやさしいおつまみです。

開けるまでも、開けてからも楽しい！

そうそう、ポルトガルの人はいわしの塩焼きが大好き。旬がはじまる6月には、首都のリスボンで盛大にいわし祭りが開かれます。みんないわしの塩焼きをパンにはさんだいわしサンドを手に、赤ワインを飲みながら、あっちこっちで大騒ぎです。

いわしと玉ねぎのマリネ　*Zaragatoa*

材料　作りやすい量

・オイルサーディン	1缶（総量125g）
・玉ねぎ	1/4個
・白ワインビネガー(酢でも)	大さじ2〜3
・塩	適量

※ポルトガルのオイルサーディンは、
「メルカード・ポルトガル」
http://www.rakuten.co.jp/mp/で購入できます。

1 玉ねぎはみじん切りにしてボウルに入れ、オイルサーディンをオイルごと加える（オイルの質がよくない場合は加えず、新鮮なＥＸＶオリーブオイル大さじ1を加える）。

2 ほぐしながら玉ねぎとよく混ぜ、ワインビネガーを加える。味をみて塩で調える。

いただきます！

バゲットの表面に生のにんにくをこすりつけ、その上にのせて食べるのがおすすめ。生の玉ねぎのシャリシャリ感と、いわしの素朴なうま味、にんにくの辛味がほんのりきいて食べ飽きないつまみです。アクセントをつけたい人は黒こしょうを挽いても。

余ったらいわしパスタ！

フライパンにオリーブオイルをひき、にんにくのみじん切りとちぎった赤唐辛子といわしマリネを炒め、香りが立ったらゆでたパスタを加えてよく絡めます。仕上げにせん切りにした大葉をたっぷりかけ、ざっと混ぜてどうぞ！

あさりのブリャオン・パト風

Amêijoas à Bulhão Pato

アメイジョアス・ア・ブリャオン・パト

コエンドロってなんだろ

あさりってつくづく素晴らしい。うま味が強くていいだしが出るから、困ったときはついついあさり頼みです。以前、築地市場の貝専門の仲卸の方に教わったのですが、あさりのうま味のもとはコハク酸という成分。日本酒にも含まれる有機酸で、酒のうま味を生む重要な成分のひとつでもある。それなら、あさりの酒蒸しなんてコハク酸だらけじゃないですか！　どうりでおいしいわけです。旬は、産卵直前にあたる3〜5月と9〜10月頃。身に栄養を蓄えて最もおいしくなる分、殻が薄くなるので、洗うときに割れないようにご注意。殻についた汚れが料理の味をにごらせるので、砂出しだけでなく、殻の表面をしっかり洗うことも大事です。

と、あさりの豆知識はこのくらいで料理の話に。ポルトガルでもあさりはやっぱり人気者。とくに有名なのが、このあさりのブリャオン・パト風。ブリャオン・パトとは、正式にはライムンド・アントニオ・デ・ブリャオン・パトという19世紀のグルメなポルトガル詩人の名前で、この料理は、そのパトさんに敬意を表した名前だよ、とポルトガルの料理人から聞きました。あさりを蒸して、コリアンダーとレモンをたっぷりふるのが唯一にして最大のポイント。すっきり、でもクセのあるスープは試す価値ありです。

ところでコリアンダーって、日本ではいろんな呼び名が使われていますよね。中国料理好きには香菜（シャンツァイ）、タイ料理好きはパクチーの方が、通じやすかったりします。でも、日本に最初に伝わったのは、ポルトガル語のコエントロ。ポルトガルの南部に行くほど、コエントロは料理のアクセントに、すりつぶしてスープにと、いろんな使い方をされています。ちなみにコエントロはコエンドロに転じ、450年以上経った今も、かろうじて和名で残っています。知らなかったけど。

あさりのブリャオン・パト風　*Amêijoas à Bulhão Pato*

材料　2人分

・あさり（砂抜き済みのもの）	300g
・にんにく	1片
・オリーブオイル	大さじ1
・レモン	1個
・コリアンダー、白こしょう、バゲット	各適量

あさりの砂抜き

平たいバットなどにあさりと3％濃度の塩水（海の塩辛さぐらい・水1と1/2カップに塩小さじ2程度）を入れ、新聞紙などをかぶせ暗い静かな環境に1〜2時間おく。あさりは元気に水管（顔みたいな部分）を伸ばし、しばらく経つと、水を吐きながら汚れも一緒に出す。

1 あさりは殻をこすり合わせて汚れを取る。にんにくとコリアンダーは粗みじん切りにする。

2 フライパンにオリーブオイルとにんにくを入れ、弱火で熱する。

3 香りが立ったら水大さじ３（分量外）を入れ、あさりとコリアンダーを加えてふたをし、中火で蒸し煮にする。

4 あさりの半分ぐらいの口が開いたら火を止めてふたをし、余熱で１分ほど蒸す（余熱で蒸すと身がふっくら仕上がる）。

5 レモンをまな板の上でごろごろ前後に転がし、果肉をほぐして搾りやすくしてから半分に切る。

6 ふたを開け、あさりの口が全部開いているのを確認したら全体にレモンを搾る。

7 好みでこしょうを加え、軽く混ぜる。

できあがり!

なんといっても主役は皿にたまったスープ。カリッと焼いたバゲットにたっぷり含ませながら、あさりの身と一緒に楽しみましょう。コリアンダーが苦手な人は、代わりにイタリアンパセリでどうぞ。上品ですっきりした仕上がりになります。

一緒に飲むならこのワイン

プラサ・デ・サンティアーゴ

ひと口飲めば生きた酸を口いっぱいに感じられる、微発泡ヴィーニョヴェルデの白。ポルトガル土着品種のロウレイロ、アリント、トラジャドゥーラをバランスよく合わせ、ぶどうの味わいもしっかり楽しめつつ柑橘系の香りのインパクトも非常に爽やか。ハーブのきいた魚介料理やスパイシーな揚げ物と合わせたくなります。(取り扱いD)

たこのサラダ

Salada de Polvo

サラーダ・デ・ポルヴォ

まかないの方がいい

ポルトガルの定番おつまみに、たこサラダがあります。でも、隣の写真のたこサラダではないのです。どういうことか、あとで説明しますね。まず、定番のたこサラダの話。これは、ほくほくのひよこ豆を、たっぷりのオリーブオイルとワインビネガーでマリネして、コリアンダー(イタリアンパセリのときも）と和えています。ゆでだこのうま味と、ひよこ豆のほっくりした食感が相性よしです。ワインも、白はもちろん、軽めの赤などとも合わせやすい。ここまでおいしいってことを紹介したら、レシピも教えてくれよ！　ってなりますよね。でもこれ、ひよこ豆がおいしくないと全然ダメなんです。ちゃんと乾物の豆を水でもどし、ゆでて作らないとどうにもよくない。缶詰やパック入りのひよこ豆で作るのとでは、おいしさが全然違うんです。作るなら、ひよこ豆は乾物を使うべし。でも、ひよこ豆をわざわざ水でもどして煮るのを、簡単サラダと紹介するのは、どうも違う気がします。

たこ1匹、ゆでるよー

ということで、定番ではないけれど、ポルトガルでおいしかった別のたこサラダを紹介します。これ、レストランのまかないで食べた、余り野菜のたこサラダ。「お店で出せば？」なんて言ってしまったぐらい気に入りました。トマトやセロリ、玉ねぎなど味や風味、食感が違う素材を組み合わせ、コリアンダーやイタリアンパセリを和えるだけ。ほんのりにんにくをきかせます。色鮮やかなゆでだこに、さらに色のきれいな紫玉ねぎのみじん切りを加えれば見栄えもいい。誰か家に来るというときに冷蔵庫でマリネしておけば、スターターにも便利です。ひよこ豆を使う定番たこサラダのレシピ紹介は、またの機会に！

たこのサラダ　*Salada de Polvo*

材料　4人分

・ゆでだこ	200g
・セロリ	1/2本
・トマト	小2個（大1個）
・紫玉ねぎ（普通の玉ねぎでも）	1/2個
・コリアンダー（イタリアンパセリでも）	2〜3枝
・塩	適量
A	
・EXVオリーブオイル	大さじ6
・にんにく（すりおろす）	1/2片
・白ワインビネガー	大さじ1
・レモン汁	大さじ3

1　たこは小さめのひと口大に切る。玉ねぎはみじん切りにする。セロリは皮をむき、筋を取って小さめのひと口大に切る。トマトも小さめのひと口大に切る。コリアンダーは粗みじん切りする。

2 ボウルにAを入れてよく混ぜる。

3 2に玉ねぎを加え、ざっと混ぜ合わせる。

4 1のたこ、セロリ、トマトを入れてよく和える。

5 コリアンダーを混ぜ、味をみて塩で調える。できれば30分以上冷やして味をなじませてから器に盛る。

完成！

カラフルで人が集まる場にもおすすめ。時間が経つほどに味が馴染みます。ゆでたじゃがいもを加えるのもあり。

ポルトガル式えびクリームコロッケ

Rissóis

リソイシュ

軽食の誘惑

高校生の頃はいつも腹ペコ。おやつ以上ごはん未満の“軽食”を最も食べていた時期だと思います。ファストフード店のポテトやハンバーガーはもちろん、コンビニの肉まん、学食の惣菜パン、おじさんたちに交じって、制服で立ち食いそば屋に入ることもあったなあ。渋谷のフードコートの明石焼きにはまったこともあったっけ。とにかくお腹が空いていたから、隙間時間の軽食は至福の味でした。

ポルトガルには、その頃の自分が見たら泣いて喜びそうな軽食がたくさんあります。豚肉や魚のフライのサンドイッチに、チキンやツナのパイなど。とくにパステラリアという軽食屋にはスナックメニューがずらりと並んでいて、スーツ姿のビジネスマンから親子連れまでお客もさまざまです。ポルトガルのディナーは21時頃からが当たり前だから、みんな夕方頃には小腹が空くようです。

定番スナックの中でも人気のひとつがこの「リソイシュ」。ポルトガル風クリームコロッケ。いわゆるコロッケと大きく違うのは、具とホワイトソースが生地に包まれているということ。具をのせた丸い生地を半分に折り、パン粉をつけて揚げてある。揚げたてサクサクをかじると、ソースがトロリとあふれます。具はえびのほかにも、干しだらやツナ、鶏肉などいろいろ。食べやすいサイズ感で、お惣菜のような、おつまみのような、おやつのような存在です。ポルトガルでは皮は手作りが多いけど、日本で作るなら市販の餃子の皮が便利。どちらの皮も材料はほぼ同じだし、しかも丸いから、半月の形にするのにぴったり。パン粉をつけて揚げれば、ちゃんと「リソイシュ」です。

ポルトガルの軽食には「ガラオン」を。エスプレッソのミルク割りです

ポルトガル式えびクリームコロッケ *Rissóis*

材料　15個分（作りやすい量）

・殻つきえび（無頭）	7〜8尾
・玉ねぎ	1/2個
・小麦粉	大さじ2
・牛乳	1/4カップ
・レモン汁	大さじ1
・バター	大さじ2
・餃子の皮	15枚
・溶き卵	1個分
・塩、こしょう、パン粉、揚げ油	各適量

1 鍋に水1カップを入れ、塩小さじ1を加え沸かしてえびをゆでる。ゆで汁はソースに使うのでとっておく。

2 粗熱を取ったら殻と尾をむく。

3 厚みを半分に切って開き、背わたを取り汚れを除く。半量はみじん切りにし、残りは1cm角に切る。

4 ソースを作る。鍋にバターを入れ中弱火で温め、溶けたらみじん切りにした玉ねぎを炒める。透き通ったらみじん切りのえびと小麦粉を加える。

5 一度火を止めて小麦粉が全体に馴染むように混ぜる（ソースがダマになるのを防ぐ）。粉っぽさがなくなったら再び中弱火にかけて炒め、えびのゆで汁と牛乳を少しずつ加える。

このソースで
グラタンやドリアも
いいですよー。

6 弱火で焦げないように混ぜながら5分以上火にかけ、もたっとしてきたら残りのえびとレモン汁を加え、味をみて塩、こしょうで調える。

7 冷ましたソースを餃子の皮で包む。皮の縁に指で水をつけてしめらせ（縁を閉じるのりの役割）、皮の半分にソースをのせる（縁は閉じるので空ける）。半分に折り、縁をしっかり合わせ閉じ、半月形にする。

8 皿に溶き卵とパン粉をそれぞれ用意し、7を溶き卵、パン粉の順にくぐらせる。揚げる前に余分なパン粉を落とし、180℃の油で2～3個ずつこんがり揚げる。

いただきます!

鶏肉で作る場合は、胸やももなど好みの部位を小さめのひと口サイズに切って塩ゆでし、えび同様に煮汁をソースに加えます。レモン汁の酸味と香りが、ぼんやりしがちなホワイトソースのよいアクセントに。揚げたてのアツアツを頬張るのも楽しいけれど、冷めたのもまたよしです。

一緒に飲むならこのワイン

ソアリェイロ

クリーム系の料理には、ちょっとリッチな白を。北のミーニョ地方が誇る、アルヴァリーニョという高貴品種ぶどう100%で造られた、発泡しないモダン・ヴィーニョヴェルデです。ソアリェイロとは、畑の中で最も日当たりの良い場所を意味する言葉。シトラス系の爽やかな香りに続く芳醇さ、凝縮したミネラル感とコクが楽しい。2500円 （取り扱いB）

コラム1

ヴィーニョヴェルデ

緑のワイン

たとえば、夏のうだるように暑い夜にひと口の涼が欲しいとき。たとえば、冬にぐつぐつと煮える鍋を囲みながら、鍋を盛り上げる冷たくて洒落た飲みものが欲しいとき。そんなときにうってつけなのが、ヴィーニョヴェルデ。繊細な泡がワインに溶け込んだ微発泡なので、グラスに注ぐとシュワシュワと泡が弾けます。その涼しげな様子をゴクリと飲むと、泡がのどをやさしくくすぐりながら駆け抜け、体の中へストンと落ちていきます。この爽やかさは、産地の北部・ミーニョ地方のイメージそのもの。鬱蒼とした森や林が景色を緑に彩り、豊かな川が流れ、野菜やぶどうの畑があちこちに広がる、実り多い“緑”の地です。

ポルトガル語でヴィーニョはワイン、ヴェルデは緑の意味ですが、緑はワインの若々しさを表します。ほとんどが熟成を待たず、造ってすぐに楽しむ早飲みタイプ。ビール代わりになるようなとても気軽なワインです。爽やかな酸味と、ぶどうそのものの個性が楽しめるシンプルな味わい。ゆるゆると飲み続けても飽きません。アルコール度数が11℃前後とやや低く、香りや味のアタックが強すぎないのも、飲み疲れしない理由です。しかも値段もとてもやさしい。1000円台がほとんどです。

微発泡の低アルコールタイプが主ですが、最近ではニューヴェルデと呼ばれる、発泡させないワインも増えています。これは、ミーニョ地方でもモンサオンとメルガソという最北の2つの村でしか育てることを認められていない、高貴品種のアルヴァリーニョというぶどうを使ったワイン。すっきりとは真逆の、芳醇な白ワインです。川を挟んだお隣のスペイン・ガリシア地方でも同じアルヴァリーニョが育てられていて、やはり人気の白ワインとして世界中にファンがいます。私は発泡するオールドヴェルデをデイリーに飲み、気分を変えたいときは発泡しないニューヴェルデを楽しみます。和食との相性がいいのも、大好きな理由のひとつです。

Carnes

第2章

とにかく肉！

　さすがは肉食文化の国。町の市場を覗けば豚、牛、鶏、羊、山羊《やぎ》、猪《いのしし》、鴨、雉《きじ》、うずらにうさぎと、肉の種類の多さに圧倒されます。家庭で食べる定番は豚、鶏、牛。グリルや煮込み以外にも、各種モツ料理やスパイスを加えた腸詰め、生ハムなど加工品も豊富です。一見ワイルドで豪快な料理が多いのですが、味つけは印象とは真逆で素朴なものが多い。素材の味を生かしつつ、スパイスやハーブをやさしくきかせた肉料理は、自然とワインが欲しくなります。

チキンピリピリ

Frango Assado com Piripiri

フランゴ・アッサード・コン・ピリピリ

「ピリッと辛い」の生い立ち

辛いものを食べたときに「ピリッと辛い」「辛くて舌がピリピリする」って言いますよね。この“ピリピリ”の語源には、実はポルトガル語が大きく影響しているんじゃないのかと思えてなりません。

ポルトガル語でpiripiri(ピリピリ)とは、唐辛子を使った香辛料のこと。オイル系も粉末も全部まとめてピリピリです。

日本人：(唐辛子を指さして)「これは何だ？」

ポル人：(唐辛子をつまんで)「ピリピリ！」

日本人：(唐辛子をひと口かじって)「んっ、ピリピリとやらは辛い！」

ピリピリソース

ワインやパンを日本に伝えたポルトガル人が、日本人と唐辛子を巡ってこんな会話を繰り返しているうちに、長い年月を経ていつの間にか「ピリッと辛い」の表現が定着していったのでは、と思うのです。

ピリピリを使った辛いポルトガル料理といえば「チキンピリピリ」。炭火などでこんがり焼いた鶏（フランゴ・アッサード）に辛いピリピリを塗った料理で、炭火焼きの専門店や食堂、祭りの出店などで見かけます。大抵1羽丸ごとを豪快に焼いていて、イベントや祭りの会場では、巨大なロースターに一列に並んだ鶏がぐるぐる前回りしながら焼かれています。ピリピリに必ず入っているのは唐辛子と塩のほか、オリーブオイル、にんにく、ワインビネガー、パプリカパウダー、ワインやウイスキー、レモン、こしょうなど、作る人によって調合もいろいろです。店でレシピを聞くたびに、「うちのピリピリはほかと違うよ」と得意そうな表情で、みんなマイピリピリに誇りを持っている様子。もちろん、どれも「ピリピリ辛い」のです。

炭火で焼くお店もあります

チキンピリピリ *Frango Assado com Piripiri*

材料 2人分

・鶏手羽先	4〜5本
ピリピリソース	
・にんにく	1片
・EXVオリーブオイル	大さじ2
・赤唐辛子	1本
・一味唐辛子（粉）	大さじ1/2
・白ワインビネガー（酢でも）	大さじ1
・パプリカパウダー	小さじ1
・塩、粗挽き黒こしょう	各適量

1 手羽先はさっと洗って水気を拭く。骨に添った身の部分に縦に包丁を入れると、肉に味が入りやすく火の通りも早くなる。

2 皮目の部分はフォークで刺してところどころ穴をあけ、味のしみ込みをよくする。

3 ラップを敷いて肉を横一列に並べ、両面に塩、こしょうをまんべんなくふり5分おく。

4 ピリピリソースを作る。にんにくはすりおろし、赤唐辛子は細かく刻む。一味唐辛子、ワインビネガー、パプリカパウダーと一緒にボウルに入れてよく混ぜ、オリーブオイルを少しずつ加えて全体をよく混ぜる。

5 肉にピリピリソースを塗る。身の方に多めに塗ると全体に味がよく入る。

6 塗り終わったら同じ長さのラップを重ね、全体をぴちっとくるむ。冷蔵庫で最低30分以上おく（ひと晩おいて翌日焼いても）。

7 魚焼きグリルに網をのせて皮目を上にして並べ、中強火でこんがり焼き（目安は7〜8分）、反対側も焼く（余分な脂が下に落ちるので、アルミ箔などを敷いておくと後で掃除がラク）。

フライパンで焼くときは皮目を下にして焼いてパリッとさせよう。

ピリピリソースを手羽先にじっくりしみ込ませる“時間”がカギ。ビネガーの作用で肉はふっくらやわらか。パリッパリの皮にかぶりついて、骨まわりもムシャムシャ手で食べるのがおすすめです。前日に下味をつけた手羽先を、バーベキューで焼くのも楽しい！

できあがり！

一緒に飲むならこのワイン

ヴィア・ラティーナ

きりっと辛口でフレッシュ！ シュワシュワとやわらかい微発泡で飲み口も至極爽やかです。だしを使った薄味の和食などにも合わせやすい。ポルトガルの土着品種ローレイロ、トラジャドゥーラ、ペデルナンをバランスよくブレンドし、飲みやすい。デイリーで楽しめるヴィーニョヴェルデです。しっかり冷やして。（取り扱いD）

豚肉のスパイスロースト＋
菜の花のオイル蒸し

Rojões com grelos

ロジョンイシュ・コン・グレロシュ

ヴィーニョヴェルデの故郷で

気がつくと、普段家で飲むワインの多くがポルトガル産です。とくに、北部のミーニョ地方で造られているヴィーニョヴェルデというワインは我が家の定番で、毎日飲んでも飽きません（ヴィーニョヴェルデについては、P58のコラム参照）。

数年前、あまりにもヴィーニョヴェルデが好きになり、もっといろいろな種類を現地で飲んでみたくなって、産地のミーニョ地方を訪ね、ワイナリーを巡る旅をしました。そのとき、ミーニョのあちこちでヴィーニョヴェルデと一緒に食べたのが、この料理です。

本場のロジョンエシュは皿いっぱいに肉！

ギマランイシュという町の郊外にあるワイナリーを訪ねたときのこと。近所のレストランでワイナリーの方々と一緒に食べたロジョンイシュがおいしかったので、店のシェフにレシピを伺おうとしました。すると隣の席にいた、料理が大好きなワイン醸造家のペドロさんが、僕の作るロジョンイシュもおいしいからと、家庭用レシピを教えてくれました。用意するのは豚の肩、腰、もも、レバーなどの部位。にんにくやクミンをもみ込み、ヴィーニョヴェルデでひと晩マリネして、さらにアリェイラ（鶏を使った腸詰め）やショリッソ・デ・サング（豚の血の腸詰め）、ビッカ（豚の血ととうもろこし粉、にんにくなどを練ったちくわぶ的なもの）などと一緒にラードで揚げ炒めし、完成だそう。それ家庭用？　レストランとどう違うの？　と聞くと、量が違うそう。でも私には、レストランの量にしか聞こえませんよ、ペドロさん。それから肉に添えてある、ナボーラというかぶの葉の炒め蒸しも欠かせないそう。くたっとした青菜は、緑のオアシスのような存在です。ナボーラの代わりは菜の花がおすすめ。ほろ苦さがいいアクセントです。もちろん、ヴィーニョヴェルデと一緒に食べるとおいしさ倍増です。

材料　2人分

・豚肩ロースブロック	
（豚バラブロックと合わせても）	400 g
・菜の花	1/2束
・にんにく	1片
・オリーブオイル	大さじ1＋小さじ1

肉の下味	
・パプリカパウダー、クミンパウダー	各小さじ2
・にんにく（すりおろす）	1片
・白ワイン（ポルトガルではヴィーニョヴェルデという微発泡の白ワインを使うことが多い）	大さじ2
・塩	適量

豚肉はうま味の濃い肩ロースと
脂のおいしいバラの2種を混ぜると
味に深みが出る。

1 豚肉を3cm角に切ってボウルに入れ、下味の材料を加えてよく和える。

2 ポリ袋に入れて最低1時間（できればひと晩）冷蔵庫で寝かせる。

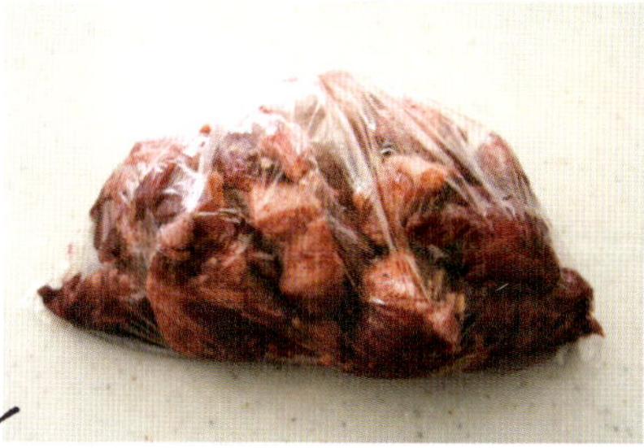

3 菜の花は水を吸わせて葉が元気な状態にもどす（上の写真参照）。にんにくは薄切りにする。フライパンにオリーブオイル大さじ1を入れ、にんにくを入れて弱火で温める。

4 にんにくの香りが立ったら、菜の花を入れて中火で1分ほど焼く。

5 ひっくり返して塩をふって焼きつけ、水大さじ4（分量外）を加えふたをして2分ほど蒸し焼きにする。

香ばしく焼きつけたいので極力触らない。

6 ふたを開けてひっくり返し再び2分蒸し焼きに。ふたをしたまま火を止め2〜3分蒸らして完成。

7 豚肉を炒める。フライパンにオリーブオイル小さじ1を中火で熱し、2の豚肉を広げ入れて中火で4〜5分焼く。

8 香ばしい香りがしてきたら返してさらに3〜4分焼き、肉に火をしっかり通す。

完成！

豚肉はひと口サイズより少し大きめに切った方が、焼いたときに固くなりにくい。好みでオリーブを散らしたり、レモンを添えるのもおすすめです。

一緒に飲むならこのワイン

ナットクール ホワイト

じんわり感じるうま味と爽やかさで、すいすい飲める。「曇った」「白く濁った」仕上がりの、昔ながらのナチュラルなヴィーニョヴェルデを現代に復活させた温故知新のワイン。糖分と澱を残してボトル詰し、ボトル内で再発酵、無濾過でボトリング。低アルコール、低抽出、低介入、オーガニック、1Lボトルなどコンセプトはモダン。（取り扱いB）

鶏のピリ辛モツ煮

Pipis

ピピッシュ

モツの相棒

ムニュ、コリコリ、シコシコ。独特の食感を持つモツは、食べているのにあんまり食べた気がしないところが面白くて不思議。そしてそのメインじゃない感じが、おつまみに最適。だからモツ料理を食べると自然とお酒が欲しくなるし、あるいは自分で作るときも、作りながら何を飲むか（もちろんお酒）をつい考えます。

日本のモツ料理でまず思い浮かぶのは、焼き鳥屋のモツ煮込み。モツ、コンニャク、大根、にんじん、ごぼう、長ねぎなどの味噌煮込みに七味唐辛子をパッとふり、七味のたくさんかかったあたりから、いちいち具を確かめながらつっつきたい。ちょっと想像するだけで、どこからか味噌のいい香りが漂ってきそうです。モツの味噌煮の相棒には、冷たいビールや日本酒がいい。イタリアンならトリッパのトマト煮。ちょっと酸味の残るトマトソースには、きりっと冷たい白ワインが欲しい。フレンチならアンドゥイエット。こま切れのモツがギューギューに詰まったちょっと変わったソーセージで、独特のくせがある。だから相棒には、ボディのしっかりした骨太な赤ワインが欲しい。

そしてもちろん、ポルトガルにもモツ料理はあります。たとえばこれ。鶏のレバーや砂肝、ハツなどを使ったピリ辛鶏モツ煮込みです。味の決め手はパプリカパウダー。日本ではあまり目立たない香辛料ですが、ポルトガルではピメンタオン（ピーマン）・ドース（甘い）とか、コロラウとも呼ばれていて、いろんな料理に使われます。肉や魚介類に使うと味や香りに深みが出て、食欲をそそる色に仕上がります。モツにパプリカをまぶして炒めるだけでも、ちょっと風味がついていいつまみになるんです（詳しくはP196のレシピをどうぞ）。相棒には、コクのある赤ワインやしっかりした白もいい。赤のヴィーニョヴェルデもよく合います。もちろんビールも！ 相棒を選ばない、マルチなモツ煮込みです。

鶏のピリ辛モツ煮　*Pipis*

材料　2人分

・鶏モツ（レバー、ハツ、砂肝など）	300g	・玉ねぎ	1個
・白ワイン	1/2カップ	・赤唐辛子	2本
・パプリカパウダー	大さじ1	・ローリエ	2枚
・オリーブオイル	大さじ1	・塩、こしょう	各適量
・にんにく	2片		

1 にんにく、玉ねぎはみじん切りにする。

2 コップにワインとパプリカパウダーを入れてよく混ぜる。

3 鶏モツはひと口大に切り、冷たい流水でよく洗い、血の汚れなどを掃除して水気をきる。

4 フライパンにオリーブオイルと**1**、種を取った赤唐辛子を入れて弱火で炒める。

5 香りが立って玉ねぎが透き通ったら、3の鶏モツと半分に折ったローリエを加えて弱火で炒める。

ローリエは折ると香りがさらに立つ。

弱火でやさしく煮てね。

6 モツの表面が白くなったら塩、こしょう、2を加え、ふたをしてごく弱火で20分以上煮る。

7 スープがトロリとしたら完成。しばらくおいて味を落ち着かせる。

いただきます！

できたてのアツアツもなかなかですが、たっぷりの煮汁と一緒に冷蔵庫で寝かせてからもおすすめ。翌日以降は味がぐっと落ちつきます。冷蔵で3日ぐらいは楽しめます。

一緒に飲むならこのワイン

ドウロ エヴェル 赤 DOC

ポートワイン造りで有名なワイナリーによる、エレガントな赤。なめらかで熟成感があり余韻も長い。トゥリガ・ナシオナル（ポートワイン用の最上品種。タンニンもしっかり）、トゥリガ・フランカ（同じく上質なポート用品種）、ティンタ・ロリス（スペインではテンプラニーリョ）といったポルトガル品種の個性が感じられます。（取り扱いA）

カフェステーキ

Bife à café

ビッフェ・ア・カフェ

赤身肉レッスン

自分で焼くのは難しそう。ステーキって、やっぱりプロじゃなきゃ無理そう。ずっとそう思っていました。でも実は、ソースという強い助っ人がいれば案外気軽にできちゃう。ポルトガルの友人たちの家で、みんなが何の気なしに肉を焼く様子を見て、そう思いました。「だって焼くだけだよ、サヨォーリ！（私のサオリという名前は、ポルトガルの人が言うとサヨォーリになります）」そう言う人のなんと多いこと。それに多少肉の焼き方に難があっても、ソースがちゃんと補ってくれます。

とはいえ最初から100点の焼き具合というのは難しいので、（どんな料理も同じですが）いきなり高い肉には手を出さず、100ｇ280円ぐらいのオージービーフなどでスタートすると気がラクです。失敗しても、心も財布も軽傷ですみます。手や膝をちょいちょい擦りむきながら、自転車にうまく乗れるようになる感じで、だんだん上手になればいい。もし失敗しても食べちゃえばいいし、心配なら肉を多めに買っておけばいい。家庭料理に考え過ぎは禁物です。

スーパーのステーキ肉はたいてい厚さが1㎝程度と薄いので、焼く前の段取りが命です。材料は必ず全部スタンバイして、皿も肉を焼く前に並べておく。つけ合わせももちろん先に作っておく。そうすれば、いざ焼きはじめても慌てなくてすむし、焼きすぎなどの失敗も防げます。それから、フライパンは鉄製がおすすめ。強火で肉の表面を早く焼き固められるので、うま味を逃がしません。

そして、値の張らない赤身の肉あってこそのステーキがこれ。かつてポルトガル貴族の社交場だったというリスボンのカフェで、名物だったのが名前の由縁です。ポイントになるソースは、もとは生クリームやこしょう、マスタードをたっぷり使った濃厚なものですが、生クリームは牛乳にして軽くし、粒マスタードの酸味をきかせてはっきりした味にしました。ステーキ自体に特別感があるから、ちょっとしたお祝いにはもってこいです。

カフェステーキ　*Bife à café*

材料　1枚分

・牛ランプ肉	100g
・スナップえんどう	7〜8本
・塩、こしょう、サラダ油、フライドポテト	各適量

ソース

・バター	大さじ1強
・粒マスタード	小さじ2
・牛乳	大さじ2
・レモン汁	大さじ1

1 スナップえんどうは筋を取り、レモンは果汁を小皿に搾る。

2 スナップえんどうはラップでくるみ、電子レンジで30秒加熱ししばらくおいて蒸らす。

3 鉄のフライパンにサラダ油を入れて熱し、スナップえんどうを炒めて塩をふり取り出す。

4 肉を冷蔵庫から出し、焼く直前に表面に塩をふる。肉をのせる皿は湯につけるなどして温めておく。

厚さ1cm程度の肉は
焼く直前まで冷やしておけば
焼けすぎを防げます。

5 フライパンに油を少し足し、強火で熱して肉をおく。肉をゆすりながら焼き色をつける（目安は30〜40秒ぐらい）。

6 焼き色を確認したらひっくり返して、

7 すぐ火からおろす。

8 肉の脇にバターを入れ、溶け出したら肉に絡める。

9 弱火にかけて泡立ったバターをスプーンで肉にまわしかける。こしょうをふって肉を取り出し皿におく（1枚を焼く目安は2分ぐらい）。

10 続けてソースを作る。フライパンに残ったバターに牛乳と粒マスタードを加えて弱火にかける。

11 よく混ぜたらレモン汁を加えてひと煮立ちさせ、火を止める。

粒マスタードソースの酸味が、肉の味を引き立てるステーキ。つけ合わせのフライドポテトは、冷凍ものをカリッと焼いて、ドライのハーブミックスをふりかけただけです。でも、あるとないとでは大きな違いが！

できあがり！

一緒に飲むならこのワイン

モウラス ダン

オーガニックにこだわった、ダン地方の生産者が造る赤。グラスに注ぐと深く濃い赤が印象的。いちごやさくらんぼなどベリー系の果実の香りにほどよいタンニンも感じられ、コクとボディのあるワイン。肉料理全般と相性良し。ワインが苦手な友人が、この赤はつい飲んでしまうと言ったのも納得の、まろやかな仕上がり。（取り扱いC）

ポルトガルチキンカレー

Caril de Frango

カリル・デ・フランゴ

大航海時代のお土産

カレーという言葉をヨーロッパに最初に紹介したのは、ガルシア・ダ・オルタというポルトガル人だったということは、某スパイスメーカーのホームページで知りました。大航海時代の16世紀にインドに渡り、30年近く各地を訪ね歩いて食物や薬学、香料などの研究をした人で、1563年に出版した『インド薬草・薬物対話集』という本の中で<～これと鳥の肉か獣肉で、彼等はカリール（caril）と呼ばれる料理を作る～>と記し、これがヨーロッパの文献に登場する、最初のカレーと言われているそうです。

（ポルトガル人にとって）新しい土地を見つけようと、船で大海原に飛び出した大航海時代は、東西の文化がシェイクされたダイナミックな時代。ヨーロッパ最西端から出発した彼らが、アフリカやインド、東南アジア、そして日本へとどんどん東へやってきて、ヨーロッパの様々な文化をアジアにもたらす一方で、砂糖や香辛料など、ヨーロッパにほとんどなかったものを見つけては持ち帰り、結果的に東西の様々な文化を各地で混ぜ合わせ、残したわけです。カレーも、そのシェイクした文化の名残のひとつというわけ。

ポルトガルの定食屋でもカリル・デ・フランゴ、つまり「チキンカレー」などのメニューを見かけることがありますが、私が忘れられないカレーは、なんといっても友人が家でふるまってくれたクイックカレー。ごくシンプルな食材であっという間にできあがるので、今でもよく作ります。しょうがもにんにくもたっぷり入れると、爽やかでコクのあるカレーになります。ロゼワインと合わせるのが、私のおすすめです。

ポルトガルチキンカレー　*Caril de Frango*

材料　2人分

・鶏肉（骨つきのぶつ切りなど）	300g	・ローリエ	1枚
・トマト（完熟）	1～2個（計300g）	・カレー粉	大さじ2
・玉ねぎ	1/2個	・ワイン	1/2カップ
・にんにく	1片	・赤唐辛子	1本
・しょうが	1片	・塩、こしょう、サラダ油	各適量

1 鶏肉は塩、こしょうをふりしばらくおく。

クミンなど好みの
香辛料をふると
香りもアップします。

2 玉ねぎ、にんにく、しょうがはみじん切りに、トマトはざく切りにする。

3 鍋にサラダ油をひき、玉ねぎ、にんにく、しょうがを弱火で炒める。

4 香りが立って玉ねぎが透き通ってきたら、**1**を鍋に入れる。

5 中火で表面を焼く。

香ばしく焼きつけたいので
極力触らない。

6 肉が色づいたらトマトを加えて中火で炒める。

7 トマトの汁気が出てきたら、カレー粉、塩、こしょうを加え、炒め続ける。

8 カレー粉とトマトがペースト状になったら、ワイン、ローリエ、種を取った赤唐辛子を加える。

9 火を弱めてふたをし、15分ほど煮る。

完成！

完熟トマトがなければ、トマト缶でも大丈夫。ただし1缶の内容量が400〜450ｇと多いので、1缶使い切る場合は肉などの材料を1.5倍ほどに増やしたほうがバランスがいいと思います。一緒に飲むワインを料理にも使えば、相性抜群です。

一緒に飲むならこのワイン

ガタオ ロゼ

グラスで弾けるピンクのシュワシュワが華やか。パーティなどで大活躍です。ポルトガルの土着品種トウリガ・フランカ等の古木から収穫したぶどうで造るロゼは、シャープで辛口。ラベルに描かれた猫のイラストは、ポルトガルでは知らない人がいないほどの国民的アイコン。老舗が造る老若男女に愛される微発泡ワイン。（取り扱いB）

牛肉の小さなコロッケ

Croquetes

クロケテシュ

飲めるコロッケ

ワインのコルクのように細長くて小さな、ポルトガルの牛肉コロッケ。ひとくちメンチカツのようでもあります。こんがり色よく揚がってパステラリアのショーケースに並んでいると、大してお腹が空いていなくてもついひとつ注文してしまう。で、紙にくるんでその場でモグモグと立ち食いです。うま味がギュッと詰まった小さな揚げ物は、なぜか無視できない。どうしても気になる。食べて味を確認したくなるのです。旅でクタクタになるぐらい歩き回ってカロリーを消費しているはずなのに、いつも体重が増えて帰国するのは、きっとこの揚げ物のせいに違いない。ちなみにコロッケという名前はポルトガル人が伝えたという説もあるようですから、もしかしたら当時、このコロッケを食べた日本人がいたかもしれません。こんなにも肉々しいコロッケ、当時の日本人が食べたらどんな風に感じるんだろう。

ポルトガルでメニューにcroqettes(クロケッテシュ）と書いてあるときは、de carne(肉の）という言葉がつかなくても牛肉の場合が多く、正確には牛肉だけではなく刻んだ腸詰めを加えていて、腸詰めの燻製香やスパイスのアクセントが加わるのが特徴的。腸詰めの代わりに、サラミやジューシーなベーコンなどを使ってもいいと思います。肉のつなぎにはフランス風にホワイト（ベシャメル）ソースを少々加えます。といっても、炒めた肉に小麦粉をふり入れて牛乳を加えるだけだからいとも簡単。あとは小さく丸めて卵とパン粉をつけて揚げるだけです。牛肉だけとはまた違った、あとひく風味がお酒を呼びます。一度にたくさん作ってみんなでつまむのもいいし、残りを冷凍保存して夜のワインのおつまみにしてもいい。肉好きにはかなりおすすめの、ひと味違う飲めるコロッケです。

牛肉の小さなコロッケ　*Croquetes*

材料　12個分

・牛ひき肉	200g
・サラミ（ソーセージでも）	50g
・玉ねぎ	1/4個
・にんにく	1片
・ローリエ	1枚
・ナツメグパウダー	大さじ1
・パプリカパウダー	大さじ1
・小麦粉	大さじ2
・牛乳	大さじ3
・レモン汁	大さじ1
・溶き卵	1個分
・パン粉（キメの細かいもの）	1カップ
・塩、こしょう、揚げ油	各適量

1 にんにく、玉ねぎ、サラミはみじん切りにする。フライパンに油（分量外）をひき、にんにくと玉ねぎを中火で炒め、透き通ったらサラミを加えて軽く火を通す。

2 牛ひき肉とローリエを加えてナツメグパウダーとパプリカパウダーをふり、中火でしっかり炒める（10分以上が目安）。

3 ローリエを取り出し、塩、こしょうを加えて味を調え、小麦粉を加えさらに混ぜながら炒める。

4 粉が馴染んだら牛乳とレモン汁を加え、さらに炒める。粉っぽさがなくなったら味をみて塩、こしょうで調える。

5 火を止めて、ざっくり12等分する。

ワインのコルクを
少し太くした感じ。

6 粗熱が取れたら成型する。

7 形を整えたら溶き卵にくぐらせ、パン粉をまんべんなくまぶす。

8 170℃に熱した油に7を入れて揚げる。表面の衣が固まるまで30秒ほどはいじらない。全体が色よく揚がれば完成。

ひと口で食べられるぐらいの小ささで、つい手が伸びます。お酒との相性はもちろん、白いごはんにも合うし、お弁当のおかずにもなる。味がしっかりついているのでソースは不要です。

いただきます!

一緒に飲むならこのワイン

ルイス・パト レベル

果実味しっかり、かつ心地よい酸を感じる個性的な赤。優良ワインの宝庫バイラーダ地方の土着品種バガを、現代ポルトガルを代表する醸造家ルイス・パト氏が印象的に仕上げました。レベルとは悪ガキの意。インパクトのあるラベルは「ローリング・ワインシュタイン(ローリングストーンズ+アインシュタイン)」を自称する、パト氏の顔です。(取り扱いB)

鶏スープ

Canja

カンジャ

やっぱり鶏雑炊

まるっと鶏1羽を煮込むだけという、これ以上ないぐらい簡素なスープです。ポルトガルは鶏が安いから、これは家計を管理するお母さんが大得意とする、経済的なスープでもあります。調味料は塩だけで、香味野菜すら入れません。あんまり簡単なので、ポルトガルには「エ・カンジャ（カンジャぐらい簡単だ＝朝飯前だ）」という表現があるほどです。

でも、同じように鶏1羽を日本で買うとなるとこれまた高い。ちっとも経済的なスープじゃなくなります。だから日本で作るなら、値段も手頃でコラーゲンもたっぷりの手羽先がおすすめ。それからこの鶏スープは、必ずゆでた小粒のパスタや米が入ります。パスタだと時間とともにふにゃふにゃにふやけるのですが、飲み慣れてくると不思議とこれがクセになり、器に沈んだふにゃふにゃパスタを思わず探してしまうほどです。米の場合、ポルトガルの米は日本の米ほど水を吸わない長粒米なので、米がスープを全部吸ってしまうということはありません。が、それでも時間がたつと、雑炊やおじやのようにふやけてきます。これがつくづく、鶏雑炊っぽい。鶏の水炊きのあとにごはんを入れて作る、あの雑炊とほぼ一緒です。ポルトガルの鶏料理が南蛮文化の広まった時代に九州に伝わって、殿様のお気に入り料理になったという記述も文献に残っていますし、それが鶏の水炊きになって定着したという説もある。やはりこの鶏スープは、鶏雑炊の原形に違いないと思うのです。

パスタを入れたい人は、小さいアルファベットパスタや、カッペリーニなどの細いパスタをポキポキと小さく折って入れるとちょうどいい。ごはんを入れるなら、ねばりの少ない冷ごはんがおすすめ。麦などを入れて炊いたものだと、パラパラ感がよりこのスープに合います。毎回このスープを飲みながら、やっぱりこれって鶏雑炊だよね、とつぶやいてしまいます。

材料　2人分

・鶏手羽先	5本
・水	3カップ
・冷やごはん（または冷凍ごはん）	1膳分
・塩	小さじ1

1　ざるに手羽先を並べ、両面に熱湯をまわしかける。冷水で洗って、表面の汚れや余分な脂を落とす。

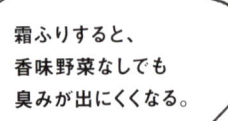

霜ふりすると、
香味野菜なしでも
臭みが出にくくなる。

2 1を鍋に入れて水を加え、ふたをして強火にかける。煮立ったらごく弱火にしてあくを取り、塩を加える。

煮る時間が短いときは、顆粒の鶏ガラスープ小さじ1〜2を加えて味を調えよう。

3 約1時間煮る。途中であくを取り、肉が顔を出したら水を加える。煮終わったらふたをしてそのままスープに浸しておく（スープに溶けだしたコラーゲンが肉にもどりふっくらやわらかくなる）。

4 肉を取り出し、スープの味をみて塩（分量外）で調える。冷やごはんを加えてほぐし、ひと煮立ちさせる。

できあがり！

手羽先をほぐしてスープに入れれば、ひと皿で食事代わりにもなります。黒こしょうやレモン、刻んだコリアンダーなどをアクセントに。和の柑橘類や万能ねぎなども合います。

ポルトガル式ポークソテー&ポテト

Carne de porco com batatas salteadas

カルネ・デ・ポルコ・コン・バタータシュ・リルティーダシュ

ビネガーの魔法

一見、ごく普通のポークソテー。どこがポルトガル式なのか。それはワインビネガー使いです。ワインビネガーは名のごとくワインからできた酢ですから、ワインのおいしい国に行くと当然ワインビネガーもおいしい。ポルトガルでも、煮物、焼き物、揚げ物、スープの隠し味など、それはもう感心するぐらいワインビネガーが使われていて、なかでも忘れられない経験が2回ありました。

一度は、北部のレグアという山村のレストランで、仔山羊の石窯焼きを食べたとき。仔山羊のおいしさはもちろんでしたが、それ以上に忘れられなかったのがレタスと玉ねぎだけのごく平凡なサラダ。何の気なしに食べ始めたら、もう止まりません。オリーブオイルと塩、自家製ビネガーをふっただけの素直な味なのですが、この自家製ワインビネガーが抜群だったのです。酸っぱいだけじゃない、ぶどう果汁の発酵したまろやかなうま味がある、まさにマジカルドレッシングでした。聞いてみるとこのレストランでは、ビネガーが足りなくなったら、そのつど地下の貯蔵庫の樽から瓶に詰めて、お客のテーブルに出していたのです。

もう一度は、ホームステイ先のマリア母さんに習ったじゃがいものビネガー炒めを食べたとき。マリアの田舎はじゃがいもの名産地。オリーブオイルで素揚げしたじゃがいもに、むせかえるほどたっぷりの白ワインビネガーを加えてさっと絡め、別に作った目玉焼きの黄身をソース代わりにして、じゃがいもに絡めながら食べるというもの。うま味に変わったビネガーでじゃがいもがいくつでも食べられるし、目玉焼きの黄身のソースのまろやかさもピッタリでした。

レストランの地下にあった
ワインビネガー樽

マリアのワインビネガー炒めに豚肉を加えてソテーしたものがこれ。ワインビネガーは加熱すると酸味が穏やかになり、うま味が凝縮しておいしいソースに早変わりするから、一度使うとやめられません。

ポルトガル式ポークソテー＆ポテト *Carne de porco com batatas salteadas*

材料 2人分

・豚ロース肉（とんカツ用）	2枚
・じゃがいも	2個
・にんにく	2片
・オリーブオイル	大さじ1
・ワインビネガー（好みで加減）	大さじ4〜6
・塩、こしょう	各適量

1 じゃがいもは皮をむき、2cm角ぐらいの小さめのひと口大に切る。にんにくは薄切りにする。芽の部分は焦げやすいので箸の先で押して取り除く。

ワインビネガーはあらかじめ使う分を小皿に用意すれば、量るのにもたついて肉を焦がすこともありません。

2 豚肉は脂と赤身の間の筋に切り目を入れ、脂にも切り目を入れる。塩を全体にまぶし、とくに脂部分は多めにふる。

3 フライパンにオリーブオイルとにんにくを入れる。弱火でじっくり揚げてにんにくチップを作り、取り出す。

4 2にこしょうをふり、フライパンに残った油で焼く。まず肉を立てて脂の部分を強火で焼く（箸やトングで支えて焼く）。

5 脂がこんがり焼けたら肉を寝かせて中弱火にし、脇にじゃがいもを加える。肉はこんがり焼き色がついたら返す。

6 さらに中弱火で1分ほど焼き、豚肉だけ皿に取り出す。残りのじゃがいもを中火でカリッと焼く。

7 フライパンに肉をもどしワインビネガーを入れる。ゆすりながら肉とじゃがいも全体にビネガーを絡ませ、スプーンですくって肉にも直接かける。15秒ほどで豚肉を皿に取り、さらにフライパンをゆすりながらじゃがいもを1〜2分炒め、ビネガーをよく絡める。

8 じゃがいもの表面に照りが出たら豚肉の横に盛りつけ、肉の上ににんにくチップをのせる。

いただきます！

ワインビネガーをしっかり加熱するので、イメージよりずっと穏やかな仕上がり。シンプルにビネガーだけで作ったら、次はローズマリーなど生のハーブと一緒に焼いても香りが深まります。

一緒に飲むならこのワイン

ガルディアン ヴィーニョ・デ・メーザ

まろやか、果実味いっぱい、微かにスパイシー。なめらかな飲み口のミディアムボディの赤。古典的な製法でオーガニックな造りを楽しんでいるワイナリーのもの。ラベルにインパクトがあるわけでもないのですが、自分のデイリーワイン用になんとなく買って、飲んだらそれ以来自分の定番になったポルトガルらしさを感じるワインです。（取り扱いC）

豚肉とあさりのアレンテージョ風

Carne de Porco à Alentejana

カルネ・デ・ポルコ・ア・アレンテジャーナ

イベリコ豚の故郷から

ポルトガルの南部・アレンテージョ地方は、典型的な地中海性気候の土地。夏の日差しは真っ直ぐで強く、乾燥も激しく、赤茶色の土の大地がどこまでも広がっています。ところどころにオリーブやコルク樫の木が生えていて、その樫の実であるドングリを食べて育つのが、有名なイベリコ豚（イベリコとはスペイン語でイベリア半島の、という意）。アレンテージョ地方は昔から、お隣のスペインと同様にイベリコ豚が育つ地なので、豚肉はもちろん、加工した腸詰めや生ハムなども逸品ぞろいです。

この地の代表的な料理のひとつがこれ。にんにくやパプリカペースト（マッサ・デ・ピメンタオン）で下味をつけた豚肉とあさりを、ラードで炒め合わせるのが基本。でも、私が教わったシェフ・エンリックのレシピは、そこにカリッと揚げたじゃがいもをたっぷり加え、あさりや豚肉のおいしいだしをじゃがいもにギュッと吸わせます。このじゃがいもがまた格別。自分が食べるときは、肉やあさりよりもむしろじゃがいもがお目当てです。仕上げにコリアンダーをたっぷり散らすと色も鮮やかで、アレンテージョのレストランで出会った、底抜けに明るいシェフやスタッフたちのイメージとぴったり重なります。

この料理をおいしく作るポイントは、エンリックさんいわく「ラードは上質なものを使うこと」。とくに豚肉や鴨などを使う料理を作るとき、ラードは味を決める大事な要素になる。だから他のシェフもみんな、ラードはこだわりの自家製でした。でも、家でラードを作るには時間と手間がかかりすぎる。とはいえ、ラードは大事だといろんな人に習った。どうしよう、ラード問題。結局、ラードそのものを使うのではなく、脂がたくさんついた豚のバラ肉を多めに使うことにしました。これはこれで、私は気に入っています。

豚肉とあさりのアレンテージョ風　*Carne de Porco à Alentejana*

材料　4人分

・あさり（砂抜き済みのもの。P44参照）	200g
・豚肉（肩ロースやバラ）	300g
・じゃがいも	2個
・赤パプリカ	1/2個
（パプリカの代わりにパプリカパウダー大さじ1＋白ワイン1/4カップでも）	
・にんにく	1～2片
・コリアンダー（イタリアンパセリでも）	1～2枝
・サラダ油	大さじ3
・塩	適宜

1 あさりは殻をこすり合わせて汚れを取る。豚肉とじゃがいもは小さめのひと口大に切り、にんにくはすりおろす。コリアンダーは刻む。

2 ボウルに豚肉と塩、にんにくを入れる。

3 赤パプリカをすりおろして加える。

ひと晩おくと
味がしっかり入るよ。

4 全体を混ぜて肉に下味を絡め、ポリ袋に入れて1時間以上冷蔵庫で寝かせる。

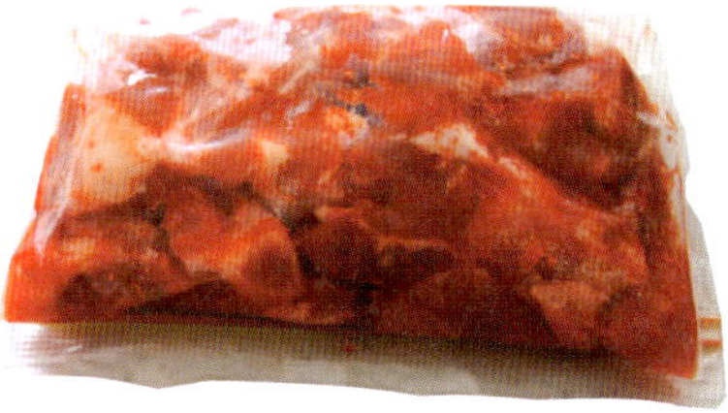

5 フライパンにサラダ油を熱し、コク出しに豚肉の脂部分を加える。

6 中火でじゃがいもをじっくり炒め揚げし、取り出す（目安は5〜6分）。

7 油の残ったフライパンに4を入れ、中火で焼く。

8

肉の両面がしっかり色づいたらあさりを加え、ふたをして中火で貝の口が開くまで待つ。

9 口が開きはじめたら、

10 6のじゃがいもを加えて手早くざっくり混ぜ、お皿に盛ってコリアンダーを散らす。

パプリカとにんにくの風味やうま味がしっかり絡んだ豚肉と、あさりの持つコクのあるだしを炒め合わせ、コリアンダーの香りをアクセントに。海のもの、山のもの、ハーブのそれぞれが個性を発揮する豊かな組み合わせです。レモンを添えても。ワインが欲しくなること間違いなし！

できあがり！

一緒に飲むならこのワイン

ヴェルテンテ

なめらかで酸が美しい、非常にエレガントな赤。ドウロ地方のポートワイン造りで高い評価を得てきた伝統あるワイナリーが、ポルトガルの土着品種で作り上げた包み込むような味わい。余韻も長く、海や山の恵みをしっかり受け止めてくれる懐の深さがある。ヴェルテンテはポルトガル語で視点という意味。ちょっと哲学的なワイン名です。（取り扱いB）

豚肉のピリ辛サンド

Bifana

ビファーナ

ポルトガルの牛丼

レタスもいらない、玉ねぎもパス、トマトもピクルスも必要なし。特製ソースでマリネした薄切りの豚肉をジューシーに焼いて、軽い食感のカルカッサというパンに挟むだけ。気持ちいいぐらいにシンプル。それが「ビファーナ」です。

ヴィーニョヴェルデの赤と「ビファーナ」の組み合わせ

ポルトガルの気軽な軽食の代表で、町のパステラリアから高速道路の休憩所、田舎のカフェなど、どこに行っても大抵メニューに載っています。リスボンのマクドナルドで、ポルトガルオリジナルの“マックビファーナセット”を見たときは、やっぱり軽食の王様なんだとあらためて納得しました。

王様だけあって、ビファーナの味にこだわる店は多いし、どうやら店ごとにソースにヒミツがある様子。ビールやワインで豚肉をマリネしたり、トマトソースやピリピリを入れたり、ビネガーやスパイスをきかせたり。味や辛さなどにもそれぞれ個性があります。さらには、豚肉をグリルしてソースがほとんどつかない状態で挟むか、あるいは牛丼のように、ソースの中に一度グリルした肉をくぐらせて、汁だくでパンに挟むかのスタイルの違いもあります。どちらかといえば、私は汁だく派です。

リスボンには、店先にこの汁だく鍋を並べて、次々と汁だく豚肉をパンに挟む光景を窓越しに楽しめる店があります。おいしそうだからつい立ち止まって見ていると、いつのまにか牛丼と重ねて見ている自分に気がつきます。そうか、ポルトガルの豚肉サンドは、日本の牛丼と同じようなポジションなのかも。

材料　4人分

豚肩ロースしょうが焼き用	300g
にんにく	2片
ビール（または白ワイン）	大さじ3
トマトジュース（小・250ml）	1缶
赤唐辛子	1本
オリーブオイル	大さじ2
塩	適量

1　トレーやバットに豚肉を並べて塩をふり、つぶしたにんにくを散らしてビールをふりかけ、ラップをかけて30分以上（ひと晩おいても）冷蔵庫でマリネする。

ひと晩おくと
味がしっかり入るよ。

2 フライパンにオリーブオイル大さじ１を熱して**1**を１枚ずつ並べ、にんにくも一緒に中火で焼く。にんにくは香ばしく焼けたら取り出す。肉は焼き目がついたら返して反対側もカリッと焼き取り出す。

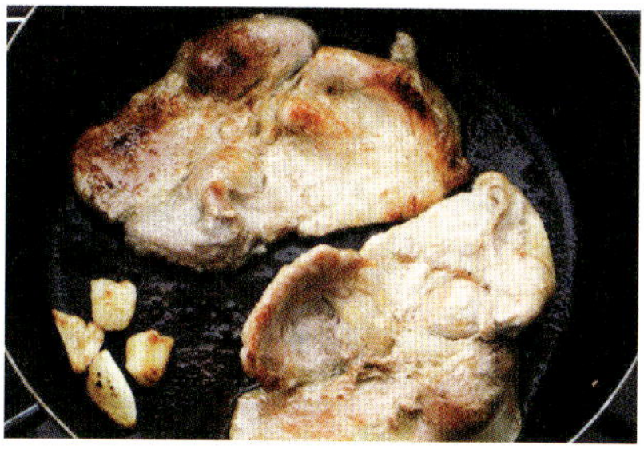

3 ソースを作る。空いたフライパンに種を取った赤唐辛子とオリーブオイル大さじ１を入れ弱火にかける。香りが立ったらトマトジュースを入れ、ときどき混ぜながら中火で4〜5分煮詰める。

4 2の豚肉を入れてソースを絡める。フランスパンを5㎝幅に切り、まん中に深く切り込みを入れて、豚肉を挟む。

できあがり！

ポテトチップスや、ピクルス、オリーブを添えても。片手でつまんでもう片方の手にはビールやワイン。両手に小さな幸せを感じる瞬間です。

コラム2

ポートワインとマデイラワイン

濃厚、芳醇、リッチ。食前、食後などおもてなしの特別なワインとして大切にされているのがポートワインとマデイラワイン。ポートはポルトガル北部の中心都市ポルトで、マデイラはポルトガルの首都リスボンから南西に1000キロほど離れた、大西洋に浮かぶマデイラ島で造られています。ともに造る過程で「酒精強化」、つまりアルコールを添加するのが最大の特徴。ざっくりと言えば、ぶどうをつぶしたジュースを発酵させる途中にアルコールを添加し、ぶどうの糖分の発酵を止めてその甘味を生かして造るのがポート。マデイラは、酒精強化後にさらに加熱処理を加えるという珍しい工程を踏み、独特の味わいを生み出します。

戦国時代末期、南蛮文化に強い興味を寄せた織田信長も飲んだと思われるのが、ポルトガルのワイン「珍蛇酒」。ポルトガル語の「赤ワイン」（Vinho tinto＝ヴィーニョティント）が珍蛇（ちんだ）に変わって伝わったもので、当時の日本人が、西洋のワインを知るきっかけになりました。この「珍蛇酒《ちんだしゅ》」を探っていくと、赤は赤でも普通に作られたスティルワインではなく、酒精強化したポートやマデイラだったのでは、と思えてきます。というのも大航海時代当時、船に積まれたワインはポルトガルからアフリカ、インド、東南アジアなど赤道直下の高温地帯を通過しながら、長い年月を船で荒波に揉まれて運ばれました。この劣悪な環境を考えると、アルコールを添加していないワインはとうに腐って飲むには耐えられなかったはず。実際、当時世界を巡った船の船荷の記録にも、この種のアルコール度数が高い、丈夫なワインが選ばれたと残っているそうです。

ポートもマデイラも製法や生まれた起源は諸説あり、文献に残る「珍蛇酒」がそれらに相当するという確たる証拠もありません。しかしその当時、信長をはじめとする日本人が「珍蛇酒」をたしなんだというエピソードに出会うと、私はポートやマデイラをイメージして身近に感じるのです。

Arroz

第3章

一皿で
つまみ＆シメになる
ごはんもの

ポルトガルは、ヨーロッパで一番お米を食べる国。だから米料理のバリエーションも豊かです。魚介類から肉、野菜、豆などいろんな素材と合わせ、雑炊風から炊き込み風、表面を石窯やオーブンでパリッと焼いたおこげ仕上げなど調理法もさまざま。素材のだしがじんわり染みた米料理は、1皿でつまみと食事を兼ねるワインのお供にも、パーティのシメのごはんにも便利。ワイン好きの新定番におすすめです。

ソーセージと菜の花の炊き込みごはん

Arroz de grelos com Chouriso

アローシュ・デ・グレロシュ・コン・ショリーソ

お米も好きな、パンの国

アフィーフェという北の町のレストランで、シェフのルシアがまかないに作ってくれました。炒めた玉ねぎと米に、豚の血入りの黒い腸詰めと燻製をかけた茶色の腸詰め、グレロシュという菜花をたっぷり加えて炊き込んだもの。ブリンと太った腸詰めにかぶりつくと、ぎゅっと詰まった肉がはじけてジューシーどころではありません。腸詰めひと口で白いごはんが何杯もおかわりできるぐらい。その腸詰めから出る濃いうま味が、ごはんのだし代わりになっています。

迫力のまかないランチ。女性３人でほぼ完食（夕飯はもちろん入りません）

自分で作るときは、市販のソーセージにブイヨンを加えて味を補強します。グレロシュは、キャベツやブロッコリーといったアブラナ科の植物の花芽の部分を摘んだもの。うま味と独特のほろ苦さが特徴で、日本では菜の花が近い。秋から冬場に出回る「博多な花おいしい菜」という菜花もすごく似ていると思うので、よく使います。ルシアは、これはうちのまかないで適当に作っている料理だから、日本に帰ってポルトガル料理だなんて紹介しないでねと笑って言っていたけれど、私はこういう料理こそ、とてもポルトガルらしいと思います。

まかないは、女性３人前なのに長さ40cmの皿にごはんがてんこ盛り。聞けば米500ｇ、つまり１人につき約1合半（！）を食べる計算です。あきらかに量が間違ってる、そんなに食べられないってば。しかも、脇には主食のパンがかごに入って置いてある（！！）。で、なんとみんな、それもちゃんと食べてる（！！！）。文字通り必死で食べましたが、さすがにパンはムリ。私は米だけでいい。でもポルトガルの人たちはパンがないとヘンな感じらしい。やっぱりパンが主食の国なんですね。

ソーセージと菜の花の炊き込みごはん　*Arroz de grelos com Chouriso*

材料　2〜3人分

・米	1カップ	・オリーブオイル	大さじ1
・ソーセージ	2〜3本	・お湯	300〜350ml
・玉ねぎ	1/2個	・固形ブイヨン	1個
・にんにく	1片	・塩	適宜
・菜の花	1/2束		

1 菜の花は長さを半分に切る。玉ねぎとにんにくはみじん切りにし、ソーセージは太いものは切り目を入れる。大きめのカップに固形ブイヨンをお湯で溶いてスープを作る。米はさっと洗って水気をきる。

2 フライパンか鍋にオリーブオイルを温め、玉ねぎとにんにくを弱火で炒める。透き通って香りが立ったら、スペースを空けてソーセージを焼く（先にソーセージを軽く焼いてから取り出し、玉ねぎとにんにくを炒めたあとにソーセージを戻しても）。

3 ソーセージが軽く色づいたら、

4 米と塩を加えて、

5 ざっと炒め合わせる。

固形ブイヨンが
沈殿したまま注ぐと
薄いスープになるので、
直前に一度混ぜてから。

6 米に油がまわったら1のスープを注ぐ。

7 スープを全部注いだら、

8 上に菜の花を広げて、

9 ふたをして中火で3〜4分、沸いたら弱火にして10〜12分煮て火を止め5分蒸らす（米を食べてみて、固めであればさらに蒸らして調整する）。

10 蒸らし終わったらざっと混ぜる。

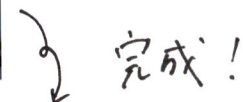

完成！

ソーセージはプリッとジューシー、くたくたになるまでやわらかく煮た菜の花もごはんとなじんで食べやすく、おつまみ感覚のボリューミーなひと皿。ワインにもばっちり合います。

一緒に飲むならこのワイン

アフロス・ヴィニャオン ヴィーニョヴェルデ

ヴィーニョヴェルデには、赤もあります。ポルトガルの古典的な土着品種ヴィニャオン100%でほんのりスパイシー。上品なタンニンとベリー系の凝縮された香りで、つまみなしでも飲めてしまう穏やかかつ主張のある味わい。微発泡の泡がタンニンをやわらかく感じさせ、肉類にぴったり。ビオディナミ製法のワインです。（取り扱いC）

たこごはん

Arroz de Polvo

アローシュ・デ・ポルヴォ

イヴのごはん

たこから出るだしに、にんにくと玉ねぎのうま味や甘味が混ざって、和風のたこごはんよりもとろみのあるやさしい口当たり。リゾットのような、雑炊のような、そんなごはんです。伝統的なレシピはたこだけが基本ですが、青みを加えるならかぶの葉など、香りが穏やかでクセのないものを合わせて、たこのやさしい味を生かすのがおすすめです。

たこ天ぷらとたこごはん

ポルトガル人は日本人と同じぐらいよくたこを食べていて、たこ料理専門店もあるぐらい。メニューにはからりと揚がったたこ天ぷらと、パラリと炊いたたこごはんのセットもあって、これにみそ汁かお吸い物でもついたら、まさにたこ定食です。さらには、クリスマス・イヴにタコごはんを食べる地域もあるそう。そもそもカトリックでは、キリストの降誕祭である25日の前日（イヴ）は、本来は肉を控える潔斎《けっさい》の日。だから、代わりに魚料理を食べるという習慣が残っています。ポルトガルでイヴの料理と言えば、干しだらを煮た「バカリャウ・コジード」が定番。でも、かつて干しだらが高級品だった時代に、干しだらよりたこが手に入れやすかった地域では、たこを食べる習慣が今も続いているのだそう。ということで、イヴにたこごはんなのです。

たこ定食、1人前です

たこごはん *Arroz de Polvo*

材料 2〜3人分

・米	1カップ
・ゆでだこ	150g
・玉ねぎ	1/2個
・にんにく	1片
・オリーブオイル	大さじ1
・水	300〜350ml
・ローリエ	1枚
・塩、こしょう、かぶの葉（ほうれんそうでも）	各適量

1 玉ねぎとにんにくはみじん切り、たこは小さめのひと口大に切る。米はさっと洗って水気をきっておく。

2 鍋にオリーブオイルを温め、にんにくと玉ねぎを中弱火で炒める。

3 玉ねぎが透き通ったらたこを加えてざっと炒め、ふたをしてごく弱火で10分加熱する。

4 たこからだしがたっぷり出たら、

5 米を加えて軽く炒め、

6 水、ローリエ、塩、こしょうを加えて軽く混ぜる。

7 ふたをして中火で3〜4分、沸いたら弱火にして10〜12分煮て火を止め、5分蒸らす（途中焦げつかないように1〜2回混ぜる）。炊き上がったらかぶの葉などの青菜を刻んで軽く混ぜる。

いただきます！

たこのうま味をたっぷり吸ったごはんと、ぷりっとしたたこの食感。飽きのこないやさしい味です。水の量を減らせば粒の立つ固めの仕上がりになるので、好みで加減してください。

一緒に飲むならこのワイン

アフロス・テン

グラスに注ぐと麦わらのような淡い色が美しく、レモンなどの爽やかな柑橘系の香りが優雅に広がり、非常に若々しい印象。口に含むとミネラル感もしっかり。たこのあっさりしたやさしいうま味にぴったりです。穏やかな酸が食事に合わせやすいヴィーニョヴェルデの白。ビオディナミの製法で造られています。（取り扱いC）

鶏ごはん

Arroz de Frango

アローシュ・デ・フランゴ

食べそびれた味

鶏のうま味がじんわり米に染みた、ポルトガルのおふくろの味のひとつです。スーパーのお惣菜コーナーでも、アルミの深皿に山盛り詰められてパッキングされ、忙しい人のお助けデリとして活躍している様子。ぶつ切りの若鶏に、にんじんや玉ねぎなどの香味野菜を入れ、炊き込みごはん風のものが多いです。お店で売っているものは、正直言うとまあまあの味。もっと鶏の味がしっかりしたごはんを食べてみたいとずっと思っていました。

ある日。北の大都市・ポルトに住む友人のペドロの実家で、キリストの復活祭「パシュコア」を祝う食事会があり、ごちそうになったときのこと。ペドロの家族や親戚はみんな大の料理好きで、何日も前から料理やパンやケーキを仕込んでいて、前日のキッチンは日本の大みそかのよう。そして当日は、朝から晩まで想像を遥かに超えるごちそうの嵐でした。仔羊のグリルなどの肉料理や米料理に、サラダ、スープ、ハムや腸詰め、チーズ、カステラの元と言われるパオン・デ・ローや、丸ぼうろの元祖と言われるボーロ（北ではカバッカシュと呼ばれる）などお菓子の数々、ワインもバンバン空いてずーっと飲みっぱなし、食べっぱなし、喋りっぱなし。そしてそのパシュコアの翌日、いよいよポルトを離れるという日に、ペドロのお母さんに自宅のランチに誘われました。昨日のごちそうを思えば、今日もきっとおいしいに違いない。ものすごく行きたいけれど、電車の時間に間に合わなくなるので残念ながら行けません。ちなみにランチは何を作ったのと尋ねると、なんと鶏ごはん！ あれだけ料理上手なペドロのお母さんの鶏ごはん、一体どんな味なんだろう。さぞおいしいんだろうなあ。やっぱり食べたかったなあ。電車に乗っても、何日経っても、東京に戻っても、何年経ってもいまだに、その食べそびれた鶏ごはんの味を想像してしまいます。

鶏ごはん　*Arroz de Frango*

材料　2～3人分

・米	1カップ	・固形ブイヨン	1個
・鶏手羽先	4～5本	・にんにく	1片
・ブロックベーコン（スライスでも）	100g	・オリーブオイル	大さじ1
・玉ねぎ	1/2個	・白ワイン（あれば）	大さじ2
・にんじん	1/2本	・ローリエ	1枚
・お湯	300～350ml	・塩、こしょう	適量

1 手羽先の両面に塩をふり、10分ほどおく。大きめのカップに固形ブイヨンをお湯で溶いてスープを作る。米はさっと洗って水気をきっておく。

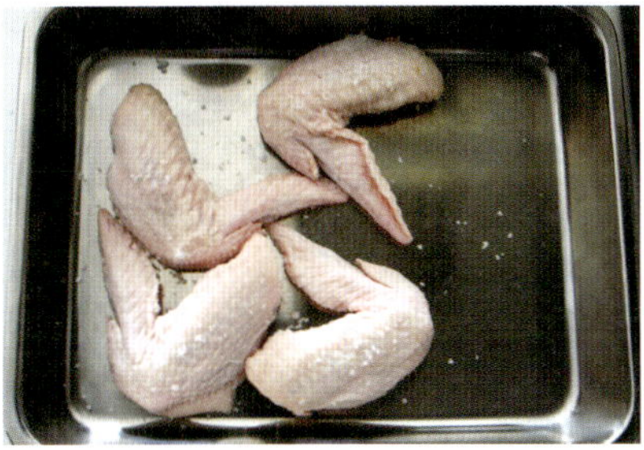

2 ベーコンは1㎝角、玉ねぎとにんじんはみじん切り、にんにくはつぶす。

3 フライパンにオリーブオイルとにんにくを入れて弱火で熱し、香りが立ったら肉を皮を下にして並べ、こしょうをふって強火で焼く。皮目がこんがりしたら返して1〜2分焼き、皿に取っておく。にんにくは焦げる前に取り出す。

4 空いたフライパンにベーコンを入れて中火でさっと焼き、玉ねぎとにんじんを加えてしんなりするまで炒める。

5 白ワイン（あれば）をふり、米、ローリエを加えてさっと炒める。

6 米に油がまわったら、1のスープを加える。

7 ふたをして中火で3〜4分、弱火にして10〜12分煮て火を止め、取り出しておいた肉を戻して5分蒸らす。

皿からはみ出しそうな山盛りの“ポルトガル盛り”でどうぞ！　鶏手羽は手づかみでガブリがおすすめですが、ひと口大に切った鶏もも肉を使えばもっと食べやすくなります。

できあがり！

一緒に飲むならこのワイン

ロシン マリアナ ブランコ

アレンテージョの明るく開けた大地を思わせる白。軽やかで爽やか、ジューシー。グラスに注ぐと柑橘やトロピカルフルーツ、ハーブの香りなどが感じられ、果実味たっぷり。ポルトガル土着品種のアンタンヴァズ、アリント、アルヴァリーニョをブレンドし、ほのかな苦味の余韻もある。鶏はもちろん、豚や魚介系の料理にもよく合う。（取り扱いC）

きのこごはん

Arroz de Cogumelos

アローシュ・デ・コグメロシュ

逆提案メニュー

きのこはポルトガルでも人気です。でも考えてみると、ポルトガルできのこごはんは食べたことがない。食べてみたいなぁ。それじゃあ、きのこのおいしい食べ方はとポルトガルの人に聞いてみると、ベーコンやハム、えびなどをかさに詰めてオーブンで焼くとか、玉ねぎ、にんにく、塩でさっと炒めてパンにのせるとか、どれもシンプルな食べ方です。いいですね、そこに米を合わせたら、もうきのこごはんになるじゃないですか。ということで、ポルトガルでは食べたことがないけれど、多分ポルトガルの人ならこんなふうに料理するんじゃないかと思う、オリジナルきこのごはんを考えました。逆提案です。主役はきのこと米、味出しにベーコンを少々。隠し味にワインビネガー。セロリもアクセントに入れます。黒オリーブを適当に散らして、箸休めならぬワイン休めにどうぞ。

トゥーベラスのソテー

ちなみにポルトガルのきのこ料理で一番インパクトがあったのは、アレンテージョ地方のエストレモスという歴史ある町のレストランで食べた、ポルトガルの白トリュフと呼ばれているトゥーベラスのソテー。オリーブオイルでさっと炒めていて、ほんのりにんにくが香りました。しかも、イタリアのトリュフのパスタなどで見るようなスライスではなく、ほたての削ぎ切りみたいに厚みがあります。なんだか大胆！ そのざっくりしたおおらかな感じが、とてもポルトガルらしいと思いました。

ブラウンマッシュルームに
えびを詰めたもの

きのこごはん *Arroz de Cogumelos*

材料　2人分

・米	1カップ
・しいたけ	4枚
・しめじ	小1パック
・ブロックベーコン（スライスでも）	50g
・玉ねぎ	1/2個
・セロリ	1/4本
・にんにく	1片

・お湯	300〜350ml
・固形ブイヨン	1個
・オリーブオイル	大さじ1
・白ワインビネガー（酢でも）	大さじ1
・塩	適量
・黒こしょう、黒オリーブ	好みで

1 しいたけは石づきを除き手で４つに裂く。しめじは石づきを除いて手でほぐす。にんにくはつぶす。大きめのカップに固形ブイヨンをお湯で溶いてスープを作る。米はさっと洗って水気をきっておく。

2 玉ねぎ、セロリ、ベーコンはみじん切りにする。鍋かフライパンににんにくとオリーブオイルを入れ、弱火で温める。

3 にんにくの香りが立ったらベーコンを加えてさっと炒め、脂が出てきたら玉ねぎとセロリを加えて中火で炒める。

4 玉ねぎが透き通ってきたら、きのこを加えて塩をふる。

5 ふたをして弱火にし、2〜3分蒸す。

きのこのうま味を
引き出します。
焦げやすいから必ず弱火！

6 火を止めてワインビネガーを加え、鍋肌のおこげ（うま味のかたまり）をへらを使いながら具材全体で絡め取る。

7 米を加えて弱火にかけ、全体をざっと混ぜる。

8 米に油がまわったら1のスープを加える。

9 ふたをして中火で3～4分、沸いたら弱火にして10～12分煮て火を止め、5分ほど蒸らす。

蒸らすとき、ふたと鍋の間に
布を一枚かませると、
ふたについた水蒸気が
鍋中に落ちるのを防げる。

完成!

ワインがどんどん飲みたくなるごはんもの。きのこは好きなものを使ってどうぞ。食べる直前に黒こしょうをガリガリと挽けばスパイシーな味わいに。

一緒に飲むならこのワイン

ラブラドール・ティント

ラベルに描かれたラブラドールのキュートなイラストが、犬好きのハートをギュッとつかみます。一見気軽な赤ワインのようですが、程よい渋みと豊かな果実味のバランスのよさは、イメージ以上で驚きます。インポーターも飲んですぐに輸入を決めたという、好印象の飲みやすさ。きのこごはんはもちろん、素材のうま味が主役の料理に。（取り扱いD）

あさりと豚バラごはん

Arroz de Amêijoas com Carne de Porco

アローシュ・デ・アメイジョアシュ・コン・カルネ・デ・ポルコ

ワインと米料理

米料理でワインが飲めるって、かなり嬉しいです。なにより、ひと皿でつまみも晩ごはんも兼ねちゃうところがラクでいい。ポルトガルの食卓はワインありきなので、あちらの米料理とワインが合うのは当然と言えば当然。白いごはんとは合わせにくいワインも、ポルトガルの米料理ならばっちりです。

あさりと豚肉の組み合わせは、ポルトガルの南部・アレンテージョ地方の定番。ごはんメニューで食べたくて、アレンジしました。あさりのうま味（コハク酸）、豚肉のうま味（イノシン酸）、トマトのうま味（グルタミン酸）が合わさって、鍋の中で食材たちが料理をおいしくしてくれます。たっぷり作ればおもてなし料理にもなります。リゾットと炊き込みごはんの間のようなしっとりやわらかめに仕上がりますが、パラパラした食感に近づけたい場合は、押し麦や丸麦が便利。加えると食感が違ってきます。私は、米1カップから大さじ３～４減らして、その分押し麦や丸麦を加えて作ることが多いです。ポルトガルの長粒米のようにはいきませんが、それでも食感はパラッとします。

ポルトガルの米食文化はもともとアラブから伝わったもの。ポルトガルやスペインのあるイベリア半島は、かつてイスラム教徒のアラブ人と領土を奪い合った歴史があって、南部のアレンテージョやアルガルヴェ地方には、今もその影響が言葉から料理まで色濃く残っています。アラブ人に勝利してレコンキスタ（国土回復運動）が完了した後、米食文化は消えずに残り、やがて根づいて発展し、バリエーションが増えたのだとか。海の幸や山の幸が豊富なポルトガルだからこその、米料理の豊かさという気がします。

あさりと豚バラごはん　*Arroz de Amêijoas com Carne de Porco*

材料　2人分

・米	1カップ	・お湯	300～350ml
・あさり（砂抜きする。P44参照）	200g	・固形ブイヨン	1個
・豚バラ薄切り肉	3～4枚	・オリーブオイル	大さじ1
・トマト	1/2個	・ローリエ	1枚
・玉ねぎ	1/2個	・塩、イタリアンパセリ	各適量
・にんにく	1片	・こしょう	好みで

1 玉ねぎとにんにくはみじん切りにする。あさりは殻をこすり合わせて汚れを取る。トマトはざく切りにし、イタリアンパセリは刻む。大きめのカップに固形ブイヨンをお湯で溶いてスープを作る。米はさっと洗って水気をきっておく。

2 豚肉はひと口大に切り、塩、こしょうをふって軽くもむ。

3 鍋かフライパンにオリーブオイルを熱し、2を軽く焼き色がつくまで強火で炒める。にんにくと玉ねぎを加え、玉ねぎがしんなりするまで中火で炒める。

4 トマトを加えて炒め合わせたら、あさりを加える。

5 ふたをして強火で蒸す。貝の口が半分ぐらい開いたら火を止め、ふたをしたままさらに余熱で蒸して口を全部開かせる。

余熱で蒸す方が
あさりの身が
ふっくらします。

6 あさりだけを取り出し、味をみて塩、こしょうで調える。

7 再び中火にして米を加え、全体を混ぜながら軽く炒める。

8 ローリエと1のスープを加え、ふたをして強火で3〜4分、沸いたらごく弱火にして10〜12分煮る。

9 ふたを開けてあさりを加え、火を止めて5分ほど蒸らし、全体を軽く混ぜてイタリアンパセリをふる。

いただきます!

辛いものが好きな人は、豚肉を炒めるときに種を取った赤唐辛子を１本加えると、ピリッと辛みのきいたごはんに。食べる直前に黒こしょうを挽くと風味がアップします。

一緒に飲むならこのワイン

キンタ・ド・コーレイヨ レッド

バランスの良さや飲みやすさ、気軽さを求める人についおすすめしたくなる、ワイン名産地ダン地方のソフトな赤。軽やかだけど、果実味はしっかり。普段の食事に合うような親しみやすさを意識して造られているワイン。ポルトガル国内はもちろん、日本のポルトガル料理レストランでもバランスのよさで人気が高い赤ワインです。（取り扱いB）

甘塩たらとえびごはん

Arroz de bacalhau e camarão

アローシュ・デ・バカリャウ・イ・カマラオン

雑炊天国

ポルトガルの米料理の約半分が雑炊系ですが、私にとっての“ポルトガル３大雑炊”は、鶏の血雑炊、やつめうなぎ雑炊、あんこう雑炊の３つです。鶏とやつめうなぎはそれぞれの血を使うので、固まらないようにワインビネガーを加えてあり、これがなんともいえないコクと風味になりますが、クセもあるのでポルトガル人でも好き嫌いがはっきり分かれます。その点、あんこう雑炊は万人受けする味。

鶏の血雑炊

ポルトガルの北部のメルガソという町で食べたあんこう雑炊は、あんこうの切り身がたっぷり入り、えびや玉ねぎ、トマトなども一緒に煮てあってなんともいいだしが出ていました。これなら日本でも作れる、と思ったのですが、あんこうって旬の冬でさえ結構高いんですよね。値段を見てびっくり。ちょっと気軽さに欠けるなあ。もう少し身近な食材で作れるものにしよう、さて何がいいかなと魚売り場をきょろきょろしていたら、甘塩のたらが目にとまりました。あんこうもたらも、淡白な身がなんとなく似ているし、たらなら扱いも簡単。気軽に買えるたらとえびにトマトを合わせて、ワインに合う雑炊にしました。ポルトガル並みに汁たっぷりの仕上がりにすると、みるみるうちに米が吸ってふくらんでしまうので、汁気は控え目です。イタリアンパセリの清涼感は、穏やかながらアクセントになるので、あればぜひ散らして欲しいです。

あんこう雑炊

やつめうなぎ雑炊

材料　2人分

・米	1カップ
・甘塩たら	2切れ
・殻つきえび（無頭）	4尾
・玉ねぎ	1/2個
・トマト	1個
・にんにく	1片
・オリーブオイル	大さじ1
・白ワイン（酒でも）	大さじ4
・水	350ml
・塩、イタリアンパセリ	各適量
・黒こしょう	好みで

1 米はさっと洗って水気をきる。玉ねぎとにんにくはみじん切りにし、トマトはざく切りにする。たらは皿にのせて白ワイン大さじ2をふってラップをかけ、電子レンジで1分半加熱する。

2 粗熱が取れたら、骨と皮をはずす。皿にたまったスープはとっておく。

3 えびを耐熱皿にのせて白ワイン大さじ2をふり、ラップをかけて電子レンジで1分加熱する。

4 尻尾を残して殻と足を取る。皿にたまったスープはとっておく。

5 鍋にオリーブオイルを熱し、玉ねぎとにんにくを入れて中弱火で炒める。玉ねぎが透き通ったらトマトを加え、3分ほど炒める。

ここではスープだけ。
具は後で加えます。

6 トマトが崩れてスープ状になってきたら、2のたらのスープと4のえびのスープを加えて混ぜ、味をみて塩で調える。

7 米を加え、軽く混ぜたら水を加える。

粘りが出るので
混ぜすぎに注意！

8 ふたをして中火で3～4分、沸騰したらごく弱火にして10～12分煮る（途中焦げつかないように1～2回混ぜる）。米にほぼ火が通ったら、たらを加える。

9 ふたをして5分蒸らし、最後にえびを加えてひと混ぜし、イタリアンパセリをふって好みで黒こしょうを挽く。

できあがり！

冷（凍）ごはんで作る場合

ごはんをさっと水にくぐらせて粘りを落とし、ベースのトマトスープができたら水気をきったごはんを加え、温めたら具を加えて完成。生米よりサラッと仕上がる。

たらとえび、トマトのうま味がとってもやさしいごはんです。トマトを炒めるときに赤唐辛子を1本加えると、辛みのきいたごはんになります。

一緒に飲むならこのワイン

ムロス・アンティゴス アルヴァリーニョ

国内外の評価が非常に高い、ポルトガル屈指の人気ワイン醸造家アンセルモ・メンデス氏（紳士！）が造る、発泡しないモダン・ヴィーニョヴェルデの白。自らの出身地であるモンサォン村と隣のメルガソ村のアルヴァリーニョ100%使用。上品で芳醇、舌に微かに甘さを感じるようなやさしさがあり、魚介類の料理と相性抜群です。（取り扱いF）

コラム3

コジード・ア・ポルトゲーザ

ポルトガル風煮

ポルトガルに行ったら必ず食べたいのが「コジード・ア・ポルトゲーザ」。牛、豚、鶏、豚耳、豚足、ショリッソ（腸詰め）、モルセイラ（血入りの腸詰め）、ベーコンなどの肉類と、じゃがいも、にんじん、玉ねぎ、ポルトガルキャベツ（葉が厚くて大きな、原種に近いキャベツ）、豆などキッチンにあるものを何でも煮込んだような、ボリュームのあるごった煮料理です。先に肉類を煮て、そのスープで野菜を煮るので野菜もいい味。さらに、肉と野菜のうま味がたっぷり出たスープで米も煮ます。これが米好き日本人にはたまらなく嬉しい。贅沢スープがじんわり染みたごはんが肉と野菜が山盛りのコジードに添えられると、ひと皿にポルトガルが表れていると感じます。友達にも食べて欲しくて、日本で同じ味に挑戦してみたのですが、できたものはどうも違う。なんか違う。いや、全然違う。あっさりしたポトフみたいな、軟弱な仕上がりにしかなりません。なんでだろう。何が足りないんだろう。再びポルトガルを旅したある日、料理好きのポルトガル人女性とコジードについて話しているうちに、謎が解けました。「コジードは、ショリッソやモルセイラから出るだしが味の決め手なの。日本に同じような腸詰めはある？」。そうか、腸詰めが肝心だったのか……。

後日、作家の檀一雄のエッセイを読んでいたら、ポルトガルに住んでいた頃に食べたコジードについて触れた部分がありました。そこには「このチョリッソだけは、日本にないから、コジドー・ポルトゲーズ（原文ママ）を復元することは、ちょっと日本では無理だろう」とある。そうなんです、と思わず大きくうなずきました。檀さんも、このコジードを日本で誰かのために作りたいと考えたのだろうか。ポルトガルでコジードを食べながら、しばし材料と作り方に思案を巡らす作家の姿を想像して、この料理の魅力をあらためて感じました。

引用元：檀一雄『美味放浪記』、中央公論新社刊

Legumes

第4章

野菜でもう一品

　じゃがいも、キャベツ、玉ねぎ、トマト、豆などごく身近な野菜を使いながら、ポルトガルの野菜料理には独特の個性があります。塩、ワインビネガー、オリーブオイルを基本に、スパイスやハーブ類を上手に組み合わせ、焼く、煮る、炒める、揚げると調理法もシンプル。野菜のうま味をしっかり引き出すコツがたっぷり。難しいことをしなくても、野菜ごとの個性を楽しめる、ザ・家庭料理です。

そら豆とベーコンのワイン蒸し

Favas Guisadas

ファーヴァシュ・ギザーダシュ

豆パワー

いつも桜が終わる頃になると、店先に並び始めるそら豆。さやの濃い緑やコロンと太った姿には、豆の持つ生命力の強さを感じます。ふっくら太ったさやをギュッと両手で絞るとパカッとさやが開いて、薄緑色の豆たちが揃って顔をのぞかせます。ふわふわの起毛ベッドの中によく育ったそら豆が整然と並んでいて、本当に寝ていたみたい。この、私たちすくすく育ちました！　という感じが、元気な春を連想させます。

ポルトガルでも、そら豆はポピュラーで身近な素材。しかもものすごく安い。以前訪ねたときは、ひと抱えもある袋にぎっしり詰めて300円ぐらい。友人と２人でせっせとさやをむき、ボウル１杯分の豆がとれました。大量に買ったら、小分けなどせず一気に全部料理するのがポルトガル流。ストックしている腸詰めやハム、ベーコンなどと炒め合わせ、鍋いっぱいのそれらをワインで軽く煮込みます。地味ですが、滋味に富んでいる家庭料理。ベーコンや腸詰めから出る肉のだしと、ワインの酸味が豆にしみ込んで飽きない味です。そら豆といえば、塩ゆでかさやごと蒸し焼きが定番だった私には新鮮でした。そして、そら豆の薄皮をむかずにそのまま煮込むというのにもびっくり。はじめて食べたときは、煮ても皮が気になるんじゃないかと心配でしたが、実際はそれほどでもない。少し張りのある薄皮と中の豆のほくほくした食感の違いに、そら豆の新しい味わい方を知りました。何度か皮つきで料理して友人に出しましたが、意外においしいね、とそのまま食べちゃう人と、やっぱり皮が気になる、とむいてから食べる人に分かれます。レシピは皮つきのオリジナルで紹介しますが、皮をむいて作りたい人のためのフォローも入れています。

ポルトガルでは皮ごとダイナミックに！

そら豆とベーコンのワイン蒸し *Favas Guisadas*

材料 2人分

・そら豆	30粒(10本)	・オリーブオイル	大さじ1
・ブロックベーコン	6cm	・塩	適宜
・玉ねぎ	1/4個	・白ワイン(赤でも)	150~200ml
・にんにく	1/2片	・固形ブイヨン	1/2~1個

1 玉ねぎはみじん切りにし、にんにくはつぶす。固形ブイヨンは細かく砕く。ベーコンは1cm厚さで6枚切り出す（薄切りの場合は3枚を1cm幅の短冊切りにする）。

2 フライパンにオリーブオイルを温め、ベーコンを香ばしく焼く。

3 にんにくと玉ねぎを加えてさっと炒め、そら豆を加える（皮が気になる人はあらかじめゆでて皮をむいておく）。

4 中火で3〜4分炒める（皮をむいた場合は1分ほど炒める）。

5 砕いたブイヨンとワインを加える（皮をむいた場合は50～75mlぐらい）。

6 ふたをして中弱火で12～15分煮る（皮をむいた場合は3～5分が目安）。途中でワインが蒸発したら水少々を加え、味をみて塩で調える。

7 火を止めたら、ふたをしたまま数分味を落ち着かせる。

じっくり煮込むと薄皮の固さも気にならなくなるので、ぜひ一度皮つきで作ってみてください。
少し張りのある薄皮と中の豆のほくほくした食感の違いが、ちょっと面白いですよ。

完成！

一緒に飲むならこのワイン

ガタオ スパークリングワイン
レゼルバ ミディアムードライNV

パーティなどで持ち寄るのにおすすめの、キャッチーな１本です。愛らしい猫のラベル、華やかな麦藁色、フルーティな香り、瓶内２次発酵で溶け込んだきめ細かくしっかりした泡、うま味と酸味のバランスもよく、食前、食中どちらもいけるマルチな味わい。そして価格も気軽。ベーコンの燻製香などとも合わせやすい。（取り扱いB）

焼きパプリカマリネ

Salada de pimentos Assados

サラーダ・デ・ピメントス・アッサードシュ

皮ごと丸焼きマジック

パプリカのマリネを見ると、反射的に焼き魚を思い出します。ポルトガルの海沿いのレストランでは、どの店も季節になると炭火のコンロを通りに出し、旬の魚に塩をふって煙をモクモクさせながら焼いているのですが、そういうところは大抵、パプリカも大量に焼いている。これが必ずと言っていいほどマリネになって、焼き魚の前菜やサラダになって出てくるからです。緑や赤の肉厚なパプリカを真っ黒になるまで炭火で焼き、黒焦げになった皮をむいたら新鮮なオリーブオイルをたっぷりかけ、塩をパラッとふって完成。パプリカの甘味が塩味のきいた焼き魚によく合うので、最初にこの組み合わせで食べたときはちょっと感動しました。

いわしとあじの奥で丸焼き

真っ黒焦げになるまで焼かれたパプリカをはじめて見たときの驚きも、忘れられません。まるで大失敗の黒焦げ状態のパプリカから、黒い皮をツルンとむくと蒸し焼きになったジューシーな果肉が出てくる。それがマリネされると、さらにトロリと甘くなる。皮ごと丸焼きってすごいなあ。野菜の皮ってよくできているなあ。それからしばらくは、玉ねぎや長ねぎ、トマトなどの皮ごと丸焼きにはまりました。旬の野菜はそのものがおいしいから、焼くだけで十分にごちそうになるってことですね。知っているつもりでも、あらためて口にするとやはり感動があります。

炭火のコンロで大量に丸焼き

材料　作りやすい量

・パプリカ	4〜5個
・にんにく	1片
・EXVオリーブオイル	大さじ3〜4
・ワインビネガー	大さじ1
・塩	適量
・黒オリーブ	好みで

1 パプリカは皮ごとグリルで真っ黒になるまで焼く。

2 さっと水につけ、真っ黒い皮をするりとむく。

3 種やへたを取り、食べやすく手で裂く。

4 塩、すりおろしたにんにく、オリーブオイル、ワインビネガーを加えて和え、30分以上寝かせる。

いただきます!

器に盛り、好みで黒オリーブをアクセントに散らして完成。塩とオリーブオイルだけでも十分ですが、にんにくやビネガーでよりおつまみっぽくなります。

いんげんのポルトガル天ぷら

Peixinhos de horta

ペイシーニョシュ・デ・オルタ

サクッと問題

日本を代表する料理「天ぷら」の語源は、ポルトガル語と言われています。temperar（テンペラル・味つけをする）tempero（テンペロ・調味料）などの言葉や、カトリックで肉を避け魚や野菜を食べる精進日Quatro temporas(クアトロ・テンポラシュ・四旬節)、に魚の揚げ物が食べられていたからなど、諸説あります。

かつて南蛮人が住んだ長崎の郷土料理・長崎天ぷらは、衣に味がしっかりついてややぼってりしていて、これがポルトガルでよく見る白身魚の揚げ物とそっくりです。そして同じようにポルトガルにも、長崎天ぷらによく似た魚や野菜の揚げ物がたくさんあります。ポルトガルでは定番の干しだらのかき揚げなどを見ると、日本のかき揚げと本当によく似ています。

このいんげんの天ぷらもメジャーな揚げ物。名前がちょっと変わっていて、訳すと「農園の小魚ちゃん」といった感じなのです。いんげんなのに小魚とはこれいかに、と思うのですが、かつて内陸に住んでいた人が、滅多に食べられない魚（おそらくいわし）をイメージして作ったものなのだそう。いんげん数本を味のついた衣で揚げ、小魚に見立てた料理です。でもこれ、結構なボリューム。ちっとも小魚には見えません。もう立派に成長した魚の大きさです。

やはり小魚には見えない

ポルトガルの揚げ物と日本の天ぷらの大きな違いのひとつが、衣の揚がり具合。ポルトガルはボテッ、日本はサクッ。私はやっぱり天ぷらはサクッと揚がって欲しいので、衣に炭酸水を加えました。ビールが好きな人はビールを加えて、残りは飲みながらがいいですね。ポルトガルの人も、衣に炭酸を入れて揚げたらいいのに。余計なお世話かな。

いんげんのポルトガル天ぷら　*Peixinhos de horta*

材料　2人分

・いんげん	10本	・ドライハーブ	
・天ぷら粉	1/2カップ	（イタリアンパセリなど好みのもの）	大さじ1/2
・炭酸水（発泡酒やビールでも）	1/2カップ	・揚げ油	適量
・顆粒コンソメ	大さじ1		

1 天ぷら粉と炭酸水、顆粒コンソメ、ハーブを混ぜ、衣を作る。

2 いんげんは筋をとり、天ぷら粉（分量外）をまぶして**1**の衣を絡める。

油が足りなくなったら少し足す。

3 1本ずつ焼くように揚げる。

できあがり！

食べる直前に塩をふっていただきます。アスパラやオクラ、小房に分けたブロッコリーやカリフラワーなどもありです。ハムやサラミを一緒に揚げるのもあり。

にんじんのオレンジ&クミンサラダ

Salada de Cenoura

サラーダ・デ・セノーラ

ラペのおかげ

にんじんが好きになったのは大人も大人、正式にお酒が飲める年を過ぎてから。それまでは、筑前煮に入っていても、カレーに入っていても、きんぴらに入っていても、全くワクワクすることのない野菜でした。もとはあんなに華やかなオレンジ色なのに、しょうゆが絡むと茶色っぽくなってかなり脇役。気がつくと料理にひっそりと潜んでいて、できれば見なかったことにしたい存在でした。ところが、社会人になって何度目かの休みにフランスを訪ねたときのこと。町のビストロに入り、肉料理にたっぷり添えられたキャロット・ラペを何気なく食べてびっくりしました。なんですかこのおいしい野菜は！　このにんじんは、私の知っているあの茶色く染まった彼らとは全く違います。カラフルで、甘くて、香りも良くて、シャキシャキの食感です。ワインビネガーをまとったほのかな酸味は肉料理にピッタリ。それ以来、キャロット・ラペは大好きなサラダになり、にんじんそのものの地位もグッと上がりました。その後、沖縄で卵と炒める「にんじんしりしり」という料理を知り、にんじんを積極的に使う機会はますます増えていくのでした。大人になって、ようやくにんじんのおいしさを知ることができて、ほんとによかった。これもラペのおかげです。

やっぱりにんじんは
色鮮やか！

ポルトガルでは、アレンテージョのレストランで食べた、甘酸っぱいオレンジの風味とクミンの隠し味がするマリネが印象的でした。にんじんは小口切りで出てくることが多かった気がしますが、私はチーズおろしやスライサーで削ったラペの方が食感が残るので好き。ちなみにご存知の方も多いと思いますが、ラペはフランス語でおろすという意味です。

にんじんのオレンジ&クミンサラダ　*Salada de Cenoura*

材料　2人分

・にんじん	1本
・オリーブオイル	大さじ2
・白ワインビネガー	大さじ2
・オレンジジュース	大さじ2
・クミンシード（パウダーでも）	大さじ1/2
・塩	適量

1 にんじんはせん切りにする（スライサーで削ると早い）。塩少々をふって軽く混ぜ、数分おいてしんなりしたらオリーブオイル、オレンジジュース、ワインビネガーの順で加えてよく混ぜる。

クミンは炒って刻むとさらに香りが立つ。

2 小鍋にクミンシードを入れて弱火にかけ、温まったらゆすって1〜2分炒る。

3 まな板の上に敷いたキッチンペーパーにクミンシードを広げて挟み、上から包丁で刻んで**1**のにんじんと和える。

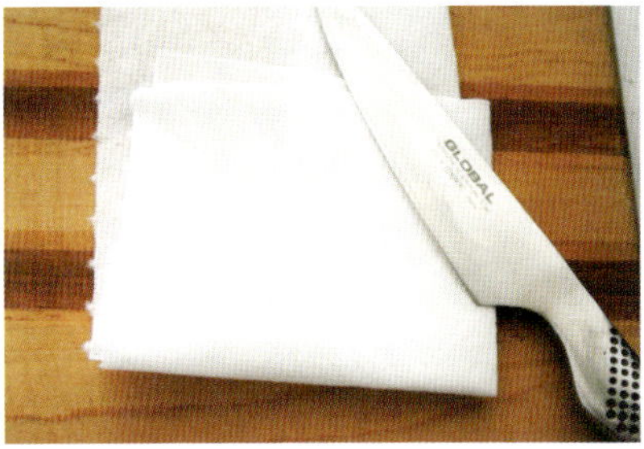

ペーパーで挟むとクミンシードが飛び散らない。

いただきます！

和えたてはにんじんの歯応えやビネガーの酸が元気でフレッシュな印象ですが、時間が経つほどに味が馴染み酸味も丸くなっていきます。冷蔵庫で3〜4日は大丈夫。ハムと一緒にサンドにしても。

ポルトガル式ポテサラ

Salada de Batatas à Porutuguesa

サラーダ・デ・バタータ・ア・ポルトゥゲーザ

ビバ！ 干物

干物は昔ながらの最強おかずにして、つまみ。塩気があって、焼くと香ばしくて、うま味も強い。それに扱いが簡単。なにしろ焼くだけです。魚焼きグリルでも、焼き網でも、のっけて焼けば完成。そしてちゃんとおいしい。安い干物でもそれなりにおいしい。塩と天日（じゃないこともままありますが）だけで魚がこんなにおいしくなるなんて、人間の知恵と自然の恵みの最強コラボですねと、食べるたびにしみじみ思います。干物と白いごはんとの相性の良さは言うまでもなく、もちろん日本酒にも、ワインにだって合います。えーっ、ワインに干物か、とけげんな顔をされたあなた、そんなことないですよ。だってポルトガルでは、干物はりっぱなワインのつまみ。大西洋に面したナザレという海岸では、まるで日本の熱海や伊東のように、網や板に開いた魚を並べて干しています。日本と大きく違うのは、頭を開かずに干すってことぐらい。ちなみに現地では、ゆでて（！）野菜と和え、オリーブオイルとワインビネガーやレモン汁で和えてサラダ風に食べたり、薄切りの玉ねぎと一緒にマリネしたりしていました。で、この干物をワインのおつまみにしたいと考えて、ポテトサラダです。なぜか。ポルトガルで魚のグリルを頼むと、つけ合わせはたいていゆでたじゃがいもです。そこに、イタリアンパセリや玉ねぎが入った緑のソースが添えられます。この緑のソースが焼き魚にもワインにもよく合う。魚の身をほぐして、じゃがいもといっしょに緑のソースを絡めて食べれば、お口の中でポテサラ完成、というわけ。生の魚ではなくうま味の強い干物で作れば、つまみ度もさらにアップ。もちろん、ポルトガルにこの創作料理はありません。

ナザレのあじの干物

定番・魚のグリルセット

ポルトガル式ポテサラ *Salada de Batatas à Porutuguesa*

材料　2人分

・あじの干物	1枚
・じゃがいも	1個
緑のソース	
・玉ねぎ	1/4個
・にんにく	1/2片
・イタリアンパセリ	4〜5枝
・生青唐辛子（ハラペーニョソースでも）	2〜3本
・オリーブオイル	大さじ3
・白ワインビネガー	大さじ2
・塩	適量

冷凍ものは
お酒をまぶして焼くと
ふっくらします。

1 あじを焼く。

2 緑のソースを作る。イタリアンパセリ、玉ねぎ、青唐辛子を細かく刻む。にんにくはすりおろす。すべてボウルに入れる。

3 ワインビネガー、オリーブオイル、塩少々を加え、よく混ぜればソースが完成。

4 じゃがいもは皮をむいてひと口大に切り、小鍋に入れてかぶるくらいの水と塩を入れ中火でゆでる。中まで火が通ったらお湯を捨て、鍋で転がしながら粉吹きいもにする。

5 焼き上がったあじは骨や皮をはずし、身を取り出す。

身は食べやすくほぐす。

6 ゆで上がったじゃがいもとあじをボウルに入れて軽く混ぜ、

7 じゃがいもが熱いうちに3のソースを加え、混ぜる。

完成！

干物ならではのうま味と緑のソースの酸味や青唐辛子の爽やかな辛み、レモンの香りなどが重なって、ビールにもワインにもよく合います。冷えた日本酒でもいけるかも。

一緒に飲むならこのワイン

トーレ・デ・メナージェン

ミーニョ地方のアルヴァリーニョという高貴品種を95%使用した、果実味あふれる微発泡ヴィーニョヴェルデの白。フレッシュな香りと爽やかな酸味がありながら、ぶどうの味わいもしっかり豊か。「ポルトガル式ポテサラ」はもちろん、魚や鶏肉のグリル、カルパッチョやマリネ系など軽めの料理によく合います。（取り扱いD）

アレンテージョ風ガスパショ ＋ ガスパショのパスタ

Gaspacho à Alentejana

ガスパショ・ア・アレンテジャーナ

エアコンスープ

「ガスパチョ」はスペインのものが有名ですが、ポルトガルにもあります。南のアレンテージョ地方の郷土料理で、ガスパチョじゃなくて、ガスパショ、と呼びます。スペインとポルトガルの一番の違いは、ポルトガルはスープをミキサーにかけないこと。野菜の食感を残したままで仕上げるので、まさに食べる野菜スープです。実際ポルトガルでガスパショを頼むと、深い皿にざく切りの野菜と細かく切ったアレンテージョ地方のパンが、氷水、ワインビネガー、オリーブオイル、にんにく、塩、オレガノなどで調味してキンキンに冷えた状態でやってきます。さらに調味料や野菜、パンなどが添えられ、好みの味に仕上げるシステムになっていました。太陽が容赦なく照りつける暑い時期に、この冷たいガスパショの清々しさといったら、まるでエアコン並み。口、のど、胃袋へと、ひとさじの冷たさと爽やかさが器官をスーッと抜けるのです。スペインのガスパチョしか知らなかった私は、はじめて飲んだときに思わず店の人に「どうしてミキサーにかけないの？」と聞いたのですが、逆に「どうしてミキサーにかけなきゃいけないの？」と不思議そうに聞き返され、妙に納得したことがありました。そうです、刻んだままの野菜はしっかり食べ応えがあって、慣れるとこっちの方が普通に感じるから不思議です。

スープだけじゃちょっと物足りないという人は、冷製パスタにアレンジしてどうぞ。その場合、生トマトにトマトジュースをプラスすると、ソースがパスタに絡みやすくなっておすすめです。

アレンテージョの家の扉は、夏の陽射しに映える色

アレンテージョ風ガスパショ　*Gaspacho à Alentejana*

材料　2人分

・完熟トマト※	2個
(パスタにする場合はトマト1個+トマトジュース缶・小1本)	
・ピーマン	1個
・きゅうり	1本
・にんにく	1/2片
・冷水（好みで増減）	1/2〜1カップ

・白ワインビネガー	大さじ2
・オリーブオイル	大さじ2
・塩、オレガノ	各適宜

パスタにする場合

・パスタ	160g

※トマトはまるごと冷凍して使うと冷やす時間も短縮でき皮むきもラク。
洗って水分を拭きラップで包み冷凍庫へ。1ヵ月は保存できる。

1 冷凍トマトをざるに入れ、熱湯をおしりとへたに10秒ほどかけると皮が自然とむける。皮をむいたらへたを取り除き、小さめのざく切りにする（生のトマトの場合は湯むきし、小さめのざく切りにする）。

カチカチで包丁が入りにくいときは
しばらくおくか、
電子レンジで10〜20秒ほど加熱する。

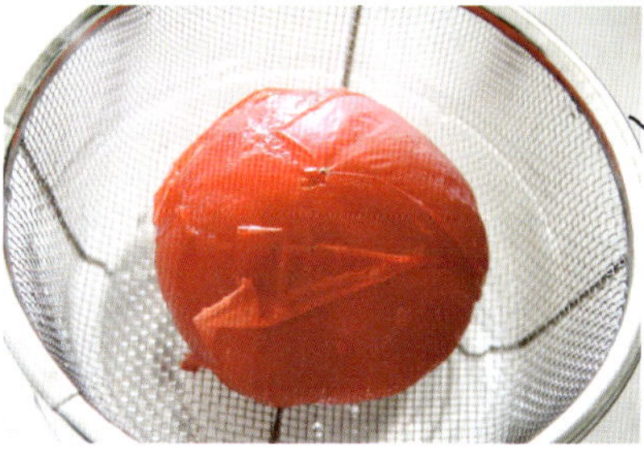

2 きゅうりは2〜3mm角に、ピーマンはみじん切りにする。

3 器にすりおろしたにんにくと塩、ワインビネガー、オリーブオイルを入れてよく混ぜる。

4 トマト、ピーマン、きゅうりを器に入れ、

5 ざっと和えたら冷水を加える（トマトジュースの場合もここで加える）。一度味をみて塩で調え、オレガノを散らす。

ガスパショのパスタ

6 ガスパショを冷蔵庫で冷やしている間にパスタをゆでる。カッペリーニなど直径1㎜程度のパスタがおすすめ（1人前80ｇ目安）。

7 袋の表示より20〜30秒ほど長くやわらかめにゆで、すぐに氷水で締める。麺をざるに上げてしっかり水気をきり、さらに清潔な布巾やキッチンペーパーなどに包んで水気をきる。

できあがり！

辛さが欲しいときはハラペーニョソースがおすすめ。

8 パスタをボウルに入れ、冷やしておいたガスパショを加えて軽く混ぜる。味をみて塩で調え、器にパスタを盛り、残ったガスパショをサイドに流す。

いただきます！

ツルツル冷たいパスタにトマトの甘味やビネガーの酸味、きゅうりやピーマンの爽やかさ、いろんな野菜の食感も楽しいパスタです。ボリュームを出したいときは仕上げにツナ缶などを加えても。すべて冷たい状態で食べるのが一番のコツです。

一緒に飲むならこのワイン

カザルガルシア ヴィーニョヴェルデ白 DOC

ポルトガルで、一体何本飲んだことか。伝統的なレース模様が愛らしい雰囲気を醸し出す、ヴィーニョヴェルデの老舗かつ代表格ワイン。微発泡でほんのり甘く、のどごしも爽やか。夏はビール代わりに飲めます。ワインの渋さやアルコールのアタックが苦手な人も、これなら好き！　と言う人多数。（取り扱いE）

緑のスープ

Caldo verde

カルドヴェルデ

ポルトガルのみそ汁

はじめてなのに、ほっとする味。日本でいうところのみそ汁的存在です。細く切ったキャベツがたっぷりと、スプーンを入れると麺のように絡みつくぐらい入っていて緑色に見えるから、緑のスープという名前。ベースはじゃがいものポタージュです。アクセントにソーセージの薄切りをのせ、香りの良いオリーブオイルをさっとひとまわし。お腹をほっこり温め、かつほどよく満たしてくれます。緑色は、ポルトガルでは一般的なコーヴ・ガレガというケール（キャベツの親戚）の一種を刻んだもの。ポルトガルの市場では、コーヴ・ガレガをガルドヴェルデ用にあらかじめせん切りにして売られているのをよく見かけます。葉が固くて刻むのが手間なので、せん切りにしてあるとお客に喜ばれるからだそう。それ、すごくよく分かります。

市場で見かけた
コーヴ・ガレガのせん切り

このスープには、ときどきブロアという茶色いパンが添えられています。トウモロコシの粉をたっぷり使った、黒糖蒸しパンをギューッと圧縮したような甘味と風味、ムチッとした食感です。穏やかな甘さのブロアと野菜のだしがきいたカルドヴェルデは、心が休まるおふくろ定食みたいなコンビ。もしもポルトガルに行ったなら、ぜひ飲んで欲しい。このスープの味の秘密は、ずばり素朴な作り方。余計な味つけを一切しない、塩だけの潔さが持ち味です。だから作り方も簡単。野菜を切って煮たら完成です。この手軽さも、なんとなくみそ汁っぽいと思います。

右の黒糖色がブロア

緑のスープ *Caldo verde*

材料 4人分

・じゃがいも	2個
・玉ねぎ	1/4個
・キャベツの外葉（青くて固いもの）	2枚
・水	3カップ
・サラミ（粗挽きのソーセージでも）	適量
・EXVオリーブオイル、塩	各適量

1 じゃがいもは皮をむき4等分する。玉ねぎは1枚ずつはがす。サラミは薄い輪切り、キャベツの外葉はせん切りにする。

2 鍋にじゃがいも、玉ねぎ、水を入れふたをしてゆでる。じゃがいもがやわらかくなったら火を止めて粗くつぶし、さらにハンドミキサーで混ぜるか、ざるで漉すなどしてポタージュ状にする。

3 キャベツを加えてふたをし、さっと火を通す。

4 味をみて塩で調え、器によそってサラミを浮かべ、EXVオリーブオイルをひとまわしかける。

完成！

ナッツやいちじくなどのドライフルーツが入ったパンや、チーズ入りの香ばしいパン、焼いたソーセージなどと合わせるのもおすすめです。

コラム4

カステラの元祖

しっとり甘くて卵の風味がふんわり。ちょっとノスタルジックなイメージを持つ長崎銘菓「カステラ」は、ポルトガルから伝わった南蛮菓子。というのはつとに有名な話ですが、実はポルトガルには「カステラ」というお菓子はありません。

「カステラ」はないけれど、その代わりにカステラのルーツと考えられる「パオン・デ・ロー」という菓子があります（もうひとつのルーツは、スペインのビスコチョ）。粉と卵と砂糖で作る、素朴で飾らない生地の焼き菓子。粉の風味が強く、しっとりした食感を出すために水あめを加える日本のカステラとは随分と違います。形も日本は長方形と相場が決まっていますが、ポルトガルの「パオン・デ・ロー」は様々。陶器で焼くことが多いのですが、丸や、まん中に穴のあるもの、あるいは日本のカステラに似た長方形のものもあります。生地の焼き加減も、中までしっかり焼いたもの、メレンゲをたっぷり加えたフワフワのもの、中が半生でトロリとしたものといろいろです。一体全体何種類ぐらいあるのかとポルトガルの菓子職人に聞いたことがありますが、そんなの地方ごとにいろいろあってきりがないよ、逆に分かったら教えてよ、と笑って返されました。

ところで。ではこのポルトガルにはない「カステラ」という名前はどうしてついたのか。由来には昔から諸説あります。よく聞く説は、南蛮と呼ばれたスペイン、ポルトガルのあるイベリア半島で、11〜15世紀頃にカスティーリャ王国が権力を持った時期があることから、カスティーリャの菓子、という音が残ってカステラになったというもの。また、カステラを作る際に料理人が卵を泡立てながら「お城（カステロ）のように高くなれ！」と唱えた言葉が耳に残ったから、という説もあります。名前も味も元祖のものとは違う「カステラ」は、450年以上もの時を経て日本で独自の進化を遂げたお菓子。似ているけど違う。その象徴のような存在です。

Adição

おまけ

パパッと作れる絶品つまみ

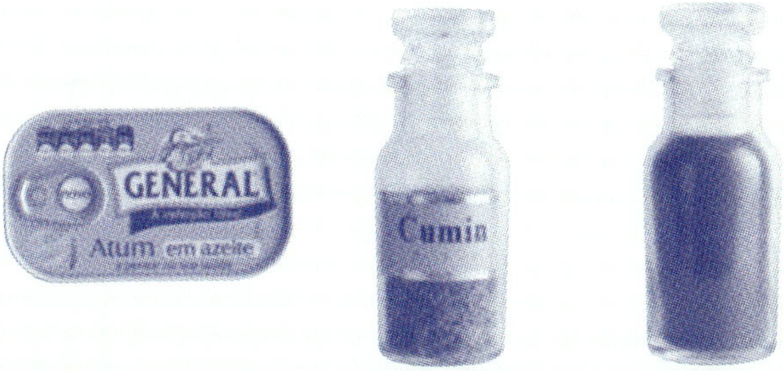

料理の材料にのっていたから初めて買ったけど、使いきれずに余ったスパイスや、もうすぐ賞味期限が切れちゃうっていうストック食材、ありますよね。ここでは、この本に載せた料理でもよく使うスパイスと、誰の家にもありそうなストック食材の３つをそれぞれ生かした、簡単なおつまみをご紹介します。混ぜたり、のせたり、炒めたりするだけだから、難しいことはナシ。気が向いたら、ちょっと実験気分で気軽に試してみてください。

ツナ缶で3品

日本でもポルトガルでも重宝されるツナ缶。
そのままでも十分おいしいけれど、
ほんの少しのアレンジで
さらに食をそそるおつまみになります。
いつもと違う見た目や味を気軽にどうぞ。

1
緑の卵

名前の“緑”はイタリアンパセリの色。
ポルトガルでは、さらにパン粉の衣をつけて揚げます。

材料

・ツナ缶（オイル漬け）	1缶
・ゆで卵	2個
・塩	小さじ1
・イタリアンパセリ（粗みじん切り）	4〜5枝分
・黒オリーブ	4個
・塩、黒こしょう	各適量

1. ゆで卵は縦半分に切り、黄身をボウルに取り出す。
2. ボウルに缶汁ごとのツナとイタリアンパセリを加え、よく混ぜて塩で味を調える。
3. 卵の白身に2を盛りつけ、黒こしょうをふり黒オリーブを飾る。

2
ツナクリーム（2種）

ガーリックバゲットにたっぷり塗って
食べるのがおすすめ。

材料

・ツナ缶（オイル漬け、オイルは除く）	小1缶
・クリームチーズ	大さじ2〜3
・カレー粉	大さじ1
・塩、黒こしょう	各適宜

1. ボウルにツナとクリームチーズを入れてよく混ぜ、味をみて塩で調え半分に分ける。
2. 片方にカレー粉を加え混ぜ、好みで黒こしょうをふる。バゲットなどに塗っていただく。

3
ツナクリームのパリパリ焼き

止まらないおいしさ！　おつまみに最適。

材料

・ツナクリーム、餃子の皮	各適量

ツナクリームを餃子の皮に粗く塗り（下の皮がところどころ見える方がパリッと焼ける）、オーブンやトースターでこんがり焼く。

クミンで2品

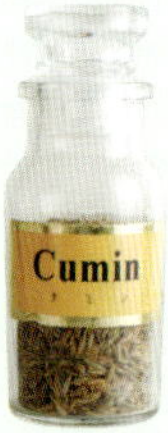

ほんの少し加えるだけで効果絶大！
独特のエスニックで豊かな香りが
食材を引き立てるスパイスです。
食欲も刺激するから、
スターターやおつまみに便利。

1
クミンのチーズスナック

焼売の皮が薄くておすすめ！

材料

・ピザ用チーズ（シュレッドタイプ）、	
焼売の皮、クミンシード	各適量

1. 焼売の皮を対角線で等分し三角に切る。
2. チーズをのせ、クミンシードをふる。
3. オーブンやトースターでこんがり焼く。

さつまいもで作るのもありです。

2

かぼちゃのクミン和え

甘さとスパイスの絶妙なマッチング

材料

	・かぼちゃ	1/8個
	・クミンシード	小さじ2
	・オリーブオイル	大さじ1
A	・ヨーグルト	大さじ2
	・にんにく（すりおろす）	1/2片分
	・塩	適量

1. かぼちゃはラップで包み、電子レンジで加熱（1分半以上）してやわらかくし、小さめのひと口大に切る。Aはよく混ぜる。
2. クミンシードを炒って刻む（P173参照）。
3. ボウルに1、2、Aの半量を入れて軽く和え、器に盛って残りのAをかける。

パプリカパウダーで2品

鮮やかな色と独特の風味を持ち、
控え目ながらいい仕事をするスパイス。
ポルトガルやスペインでは
煮込みや腸詰め、焼き物、和え物など、
いろんな料理で大活躍しています。

1

砂肝炒め

揚げにんにくと一緒に食べると完璧

材料

・砂肝（薄切り）	150g
・パプリカパウダー	大さじ1/2
・塩	小さじ1
・オリーブオイル	大さじ2
・にんにく（薄切り）	2〜3片分

1. ボウルに砂肝、パプリカパウダー、塩を入れ、手でよく和える。
2. フライパンにオリーブオイルとにんにくを入れて弱火でじっくり揚げ、にんにくを取り出す。
3. 1の砂肝を入れ、中火で5分ほど炒める。器に盛り、揚げたにんにくをのせる。

2

たこのガリシア風

スペイン・ガリシア地方の定番おつまみ

材料

・ゆでだこの足	1/2本
・ゆでじゃがいも	1個
・にんにく（つぶす）	1片分
・パプリカパウダー	大さじ1/2
・EXVオリーブオイル	大さじ2
・一味唐辛子、塩	各適量

1. たこはかぶるくらいの湯（分量外、50℃くらい）で温めながら軽くもみ、乱切りにする。ゆでたじゃがいもは皮をむき、ひと口大に切ってともに器に盛る。
2. 小鍋にオリーブオイルとにんにくを温め、香りが立ったら1の上にまわしかけ、塩とパプリカパウダー、好みで一味唐辛子をふる。

おわりに

旅先で出会う料理は、ちょっとずるい。

味の記憶だけではなく、そこには必ず旅の記憶が重なる。

作りながら、食べながらこう考える。これを教えてくれたあの人、元気かな。これを食べたあの店、まだやっているかな。これを一緒に食べたあの人は、いま何をしているかな。そんな、少し感傷的な気持ちも同時に味わう。だから旅先で出会った料理は、忘れたくないし、忘れられない味になる。特別な味つけが加わる。時間が経てば経つほど、ますますおいしくなって思い出される。これってずるい。でも、そこがいい。

cakes（ケイクス）というウェブメディアでの連載をまとめたこの本は、そんな旅先で出会った料理の思い出のおすそ分けです。出会った料理をレシピやエピソードとともに紹介し、ポルトガルの食の旅気分を少しでも味わって欲しいと考えました。ただし料理のレシピはかなり現実的にしました。食材は近所のスーパーで揃うもの、なるべく手間がかからないもの、調味料が大雑把でもそれなりにおいしいもの、が暗黙のルール。ウェブの連載を担当している編集者の30代男子Ｄ君は、料理を始めたばかりの初心者だったので、彼が実際に作って「これいいっすね！」と喜ぶレシピを意識しました。ちなみにＤ君のお気に入りベスト３は「ピポグラタン」「あさりと豚バラごはん」「チキンピリピリ」だそうです。

仕事から帰って自分のために作るひとりごはんや、誰かを呼んで作るもてなしごはん、ワインのつまみが欲しいときのつまみごはんなどに、たまには目先を変えて、ポルトガル料理をどうぞ。

ウェブ連載編集者の大熊信さん、書籍編集者の鈴木萌さん、cakes連載を読んでくれているみなさん、どうもありがとう。これからも連載は続きます！

馬田草織 *Saori Bada*

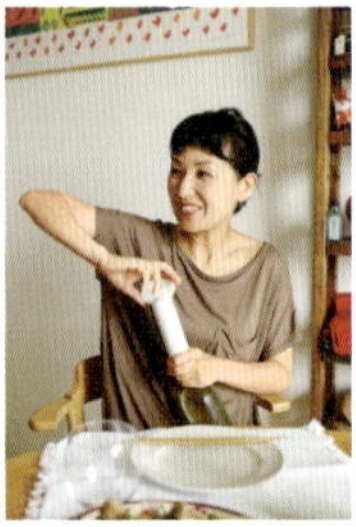

文筆家・ポルトガル料理研究家。東京生まれ。出版社で食を中心に雑誌編集に携わり独立。 食と旅を軸に、取材記事やエッセイなどを執筆している。15年ほど前から素朴で親しみやすいポルトガルの食に魅了され、一般家庭のキッチンからレストランの厨房、ワイナリー等を巡り取材を重ねている。著書に『ようこそポルトガル食堂へ』（産業編集センター・幻冬舎文庫）、『ムイト・ボン！　ポルトガルを食べる旅』（産業編集センター）。料理とワインを楽しむ会「ポルトガル食堂」を主宰し、定期的な料理教室やワインイベントなどを都内で開催している。

詳細はインスタグラムhttps://www.instagram.com/badasaori/

ポルトガルのごはんとおつまみ

2014年12月15日　第1刷発行
2022年10月10日　第2刷発行

著　者　馬《ば》田《だ》草《さ》織《おり》

発行者　佐藤 靖

発行所　大《だい》和《わ》書房

東京都文京区関口1-33-4

電話 03-3203-4511

デザイン　中村圭介、千葉佳子、伊藤永祐（ナカムラグラフ）

撮影　馬田草織

カバー撮影　鈴木泰介

ポルトガル語監修　ポルトガル文化センター

印刷　歩プロセス

製本　小泉製本

ISBN 978-4-479-92086-1

http://www.daiwashobo.co.jp